◄ Hauptwache (► S. 64) und Katharinenkirche (► S. 66) vor der Kulisse der Bürotürme.

Willkommen in Frankfurt

Die Metropole am Main kämpft mit viel Kultur, urbanem Grün und Internationalität erfolgreich gegen Stereotypen.

Noch immer verbinden nicht wenige mit Frankfurt vor allem drei Dinge: Hochhäuser, Kriminalität und Drogen. Zu Unrecht. Wenn ich an Frankfurt denke, dann denke ich an Kultur, viel Grünes und Menschen aus aller Welt, die gut miteinander auskommen – echte und gelebte Integration. Keine Stadt in Deutschland ist internationaler als die kleine Metropole am Main. Menschen aus mehr als 180 Ländern der Welt leben in der Stadt zusammen. Ich liebe es, bei Sonnenschein durchs Bahnhofsviertel zu ziehen, in türkischen Läden frisches Gemüse einzukaufen, süßes indisches Gebäck zu besorgen oder den Bankern im Straßencafé zu lauschen, die in bestem Business English über fallende und steigende Kurse debattieren. Natürlich ist das Bahnhofsviertel keine heile Welt, natürlich gibt es hier immer noch Drogen, Prostitution und Armut – aber eben auch dieses ganz besondere, globale Lebensgefühl, diese Mischung aus entspannter Atmosphäre und Wuseligkeit, aus bunten Läden, Hotels und kleinen Cafés. Wie international Frankfurt ist, merkt man auch, wenn man essen gehen will. Äthiopische Restaurants, französische Gourmet- und asiatische Crossover-Küche lassen sich hier genauso gut entdecken wie die regionale Apfelweinkultur mit ihren unzähligen Kneipen.

◄ Stadt der Kontraste – von den Wolkenkratzern in der City ist es nur ein Katzensprung zum grünen Mainufer (► S. 82).

Grüne Oasen in der Stadt

Und Frankfurt ist grün. Glauben Sie nicht? Das grüne Gesicht der Stadt entdeckt man in den vielen Parkanlagen: Klein und verträumt sind der Rothschildpark und der Holzhausenpark, zum Joggen geht es in den Grüneburgpark oder ins ehemalige Bundesgartenschaugelände im Stadtteil Hausen. Familien mit kleinen Kindern treffen sich im Günthersburgpark. Einzigartig und weltweit ein Vorbild ist der Frankfurter »GrünGürtel«: 1991 beschlossen die Stadtverordneten, dass eine eigene Verfassung die grüne Lunge rund um die Stadt schützen soll. Der natürliche Lebensraum wurde gegen den Wildwuchs der Bauspekulation nachhaltig gestärkt. Im »GrünGürtel« kann man auch entdecken, wie die Natur sich Räume zurückerobert: Der alte Flughafen Bonames wurde stillgelegt und verwächst nun nach und nach zu einem verträumten Biotop. Kinder fahren auf der ehemaligen Landebahn mit ihren Skateboards oder BobbyCars. Naturerkundungen werden angeboten, die Frösche quaken wieder in den Wiesen, und im Café gibt es unheimlich leckeren Apfelkuchen.

Das wichtigste grüne Projekt der vergangenen Jahre war die Rückeroberung des Mains. Lange Zeit war das Ufer des Flusses, der Frankfurt in zwei Hälften teilt, geradezu ein Un-Ort – bis die Stadtplaner es wiederentdeckten und zum wichtigsten Freizeitareal der Metropole machten. Grüne Liegewiesen, ein neues Wegenetz für Inlineskater, Fahrradfahrer und Flaneure, dazu Spielplätze und charmante Cafés verwandeln das Mainufer inzwischen zu einer Stadtoase. Bei Sonnenuntergang kenne ich kaum einen schöneren Ort als das Maincafé, auf der Sachsenhäuser Uferseite, in der Höhe vom Städel Museum, gelegen. Auf einer Holzbank, mit einem Cappuccino oder Weißwein in der Hand, blinzle ich der Sonne entgegen, die langsam zwischen den Wolkenkratzern versinkt.

Museen von Weltrang

Frankfurt ist Kulturstadt. Dass ein vitales Kulturleben zu einer Metropole einfach dazugehört, das haben Frankfurts Stadtpolitiker spätestens in den Achtzigerjahren begriffen. Damals forderte der umtriebige Kulturstadtrat Hilmar Hoffmann: »Kultur für alle«. Er erfand das Frankfurter Museumsufer, wo sich hochkarätige Häuser wie das Städel, das Museum der Weltkulturen und das Museum für Angewandte Kunst aneinanderreihen. Auch bei der Gründung des Mousonturms, einer hervorragenden Spielstätte für die internationale freie Performanceszene, war Hoffmanns Enthusiasmus förderlich.

Das Frankfurter Kulturfieber hält bis in die Gegenwart an. Wenn Sie in die Stadt kommen, gehen Sie unbedingt ins Schauspiel! Das Ensemble mit Ausnahmeschauspielern wie Marc ist unheimlich gut, die Inszenierungen sind fesselnd. Und besuchen Sie auf jeden Fall, wenn Sie es sich einrichten können, die großartigen Frankfurter Museen. Mein Lieblingshaus ist das Museum für Moderne Kunst, das MMK, mit seiner fantastischen Sammlung an Nachkriegs- und Gegenwartskunst. Seine Ausstellungen überraschen mich jedes Mal aufs Neue – genauso wie meine Stadt.

MERIAN-TopTen

MERIAN zeigt Ihnen die Höhepunkte der Stadt: Das sollten Sie sich bei Ihrem Besuch in Frankfurt nicht entgehen lassen.

 Apfelweinkneipen
Handkäs' mit Musik, Grüne Soße und saurer Apfelwein: Die traditionelle Frankfurter Küche ist hervorragend (▶ S. 17, 23).

 Börse
Im »Kapitalistendom« kann man den Parketthandel auch live miterleben (▶ S. 60).

 Goethe-Haus
Hier erblickte der berühmte Dichterfürst das Licht der Welt. Das Museum entführt in die versunkene Welt des 18. Jahrhunderts (▶ S. 62).

 Kaiserdom
Die Krönungskirche der deutschen Kaiser. Wer den Turm besteigt, genießt ein herrliches Panorama über die Dächer der Altstadt (▶ S. 65).

 Main Tower
Das beliebteste Hochhaus der Stadt. Der Blick von der Aussichtsplattform im 53. Stock ist phänomenal (▶ S. 66, 85).

 Palmengarten
Exotische Botanik in den Gewächshäusern, im Sommer schöne Liegewiesen und ein Kulturprogramm (▶ S. 67).

 Römer und Römerberg
Die »Gudd Stubb« der Stadt. Fachwerkhäuser und das Rathaus machen Frankfurts Zentrum lebendig (▸ S. 70).

 Museum für Moderne Kunst
Hervorragende Kunst von der Pop Art bis in die Gegenwart, umrahmt von der spektakulären Architektur des Wieners Hans Hollein (▸ S. 77).

 Naturmuseum Senckenberg
Das Museum mit der größten Dinosauriersammlung ganz Deutschlands erklärt die bedeutenden Stationen der Evolutionsgeschichte (▸ S. 77).

 Ausflug am Mainufer
Die beliebte Freizeitpromenade mit der spektakulären Skyline im Hintergrund entdeckt man am besten auf einem Spaziergang (▸ S. 82).

MERIAN-Tipps Mit MERIAN mehr erleben.

Nehmen Sie teil am Leben der Stadt und entdecken Sie Frankfurt, wie es nur Einheimische kennen.

 Brückenstraße
Das junge Modemekka der Stadt: In der Brückenstraße präsentiert sich die Frankfurter Fashionszene (▸ S. 31).

 Kleinmarkthalle
Ein Paradies für Feinschmecker: Exotische Spezialitäten und regionale Leckereien genießt man in der herrlichen Markthalle (▸ S. 32).

 Blumen
Shootingstar Simon Horn kocht in der charmanten Souterrainbar kreative Feinschmeckerküche (▸ S. 39).

 Literaturhaus
Hervorragende Lesungen und Ausstellungen in der 2004 eröffneten Alten Stadtbibliothek am Mainufer (▸ S. 42).

 Wochenmarkt am Friedberger Platz
Der schöne Einkaufsmarkt im Nordend verwandelt sich regelmäßig in ein innoffizielles Stadtteilfest (▸ S. 44).

 Schauspiel Frankfurt
Großartiges Ensemble: Das Schauspielhaus glänzt mit tollen Darstellern und innovativer Regiearbeit (▸ S. 47).

Hundertwasser-Kindergarten
Der Wiener Exzentriker schuf in Heddernheim ein kunterbuntes Paradies für Kinder, und Architektur-Fans haben ihre Freude daran (▸ S. 62).

Nizza-Garten
Ein Fleckchen Mittelmeer am Mainufer: Im Nizza-Garten gedeihen Erdbeerbäume, Ginkgos und exotische Palmen (▸ S. 67).

Dialogmuseum
Das Museum entführt mit dem Motto »Dialog im Dunkeln« in die Welt der Blinden und macht sie für Besucher erlebbar (▸ S. 74).

Portikus
Auf der Maininsel bietet die Kunstakademie Städelschule manch kommendem Star der Szene ein Forum (▸ S. 78).

Es gibt nicht wenige Orte, in denen man
Frankfurt aufs Dach steigen und auf wun-
derbaren Sonnenterrassen zu Speis und
Trank die Aussicht genießen kann.

Zu Gast **in Frankfurt**

Entscheidungen werden schwer gemacht: Luxushotel
oder kleine Pension im Gründerzeithaus? Klassik in
der Alten Oper oder Techno im futuristischen Club?
Sternelokal oder Apfelweinkneipe?

Übernachten
Träumen im Himmelbett, rela-
xen in coolem Ambiente, genießen im Grandhotel – ganz
nach Geschmack. Wer es sich einrichten kann, sollte die
Termine der internationalen Messen meiden.

◀ In der Lobby des Goldman 25 Hours (▶ S. 15). Jedes Zimmer dieses ungewöhnlichen Hotels ist eine Welt für sich.

Zu Messezeiten verlangen viele Häuser einen gehörigen Aufschlag. Eine Nacht im Hotelbett wird dann nicht selten mit dem doppelten Preis veranschlagt. Die Buchmesse drohte den Hoteliers wegen ihrer Preistreiberei sogar schon mal mit dem Umzug nach München. Wer übers Wochenende nach Frankfurt reist, kann andererseits mit ordentlichen Rabatten rechnen, weil dann kaum Geschäftsreisende in der Stadt sind. Hier lohnt es sich auf jeden Fall nachzufragen. Die Zeiten, in denen die Frankfurter Hotels ihr Serviceangebot einzig auf die reisende Businesselite eingestellt hatten, sind schon längere Zeit vorbei. Nicht nur in kleineren Häusern stehen familiäre Betreuung und Gemütlichkeit heute hoch im Kurs. Vor allem im Westend sind liebevoll geführte Häuser in schönen Gründerzeitvillen zu finden.

Preise für ein Doppelzimmer ohne Frühstück:

€€€€ ab 200 €	€€ ab 100 €
€€€ ab 150 €	€ bis 100 €

HOTELS €€€€

Hessischer Hof ▶ S. 111, E 4

Klassische Eleganz • Das Grandhotel im ehemaligen Wohnpalais des Prinzen von Hessen hat Tradition. Suiten und Zimmer sind mit ausgewählten Antiquitäten luxuriös ausgestattet. Erstklassiger Service. Im Haus befindet sich die legendäre **Jimmy's Bar**. Messeviertel • Friedrich-Ebert-Anlage 40 • S-/U-Bahn: Festhalle/Messe • Tel. 7 54 00 • www.hessischer-hof.de • 117 Zimmer • 🐾 • €€€€

InnSide ▶ S. 118, A 18

Luxus im Wolkenkratzer • Aus dem Hotel im Eurotheum-Hochhaus hat man nachts einen atemberaubenden Blick über Frankfurts Lichtermeer. Es gibt ausschließlich Suiten mit luxuriöser Ausstattung und minimalistischem Design. Die Cocktailbar im 22. Stockwerk des Gebäudes, die **22nd Lounge**, ist erstklassig. Innenstadt • Neue Mainzer Str. 66–68 (im Eurotheum) • U-Bahn: Willy-Brandt-Platz • Tel. 21 08 80 • www. innside.de • 74 Zimmer • €€€€

Roomers ▶ S. 115, F 10

Design und Wellness • Das in dunklen Farben eingerichtete Designhotel bietet den Komfort eines Grand Hotels. Dazu kommen ein tolles Restaurant (edle Steak- und Fischgerichte) und ein spektakulärer Wellnessbereich mit Blick über die Stadt. Bahnhofsviertel • Gutleutstr. 85 • S-/U-Bahn: Hauptbahnhof • Tel. 2 71 34 20 • www.roomers.eu • 116 Zimmer • ♿ • 🐾 • €€€€

Steigenberger Frankfurter Hof
▶ S. 115, F 11

Grandhotel alter Schule • Schon Thomas Mann schwärmte von diesem Haus in den höchsten Tönen. Butler-Service, Babysitting oder Businesscenter gefällig? Hinter der prächtigen Fassade des Grandhotels wird ein perfekter Service geboten, und das Gourmetrestaurant **Français**

WUSSTEN SIE, DASS...

... der Frankfurter Hof einmal in revolutionärer Hand war? Im Jahr 1918 hatte der Arbeiter- und Soldatenrat das edle Hotel besetzt und als Quartier genutzt.

(▸ S. 19) trägt seinen ausgezeichneten Ruf völlig zu Recht.
Innenstadt • Am Kaiserplatz • U-Bahn: Willy-Brandt-Platz • Tel. 2 15 02 • www.frankfurter-hof.steigenberger. de • 321 Zimmer • ♿ • 🐾 • €€€€

Villa Kennedy   ▸ S. 111, F 10

Für höchste Ansprüche • Nirgendwo übernachtet man luxuriöser als in den Hotels von Sir Rocco Forte. Der pompöse Prachtbau der Villa Kennedy in Sachsenhausen ist um eine 1904 gebaute Villa entstanden. Die Zimmer und Suiten (mit begehbaren Kleiderschränken und separatem Gästebadezimmer) dagegen wurden von Designer Martin Brudnizki minimalistisch eingerichtet. Dieser Luxus gefiel auch Stars wie Robbie Williams oder den Rolling Stones.
Sachsenhausen • Kennedyallee 70 • Straßenbahn: Stresemannallee/ Gartenstraße • Tel. 71 71 20 • www. villakennedy.com • 163 Zimmer • ♿ • €€€€

HOTELS €€€
Gerbermühle   ▸ S. 117, E 13

Historischer Ort • In Goethes liebster Apfelweinwirtschaft kann man auch übernachten. In edel ausgestatteten Zimmern und Suiten schläft es sich am Mainufer nicht nur luxuriös, sondern auch herrlich ruhig. Hervorragendes Restaurant, Sommergarten und Bar, herzlicher Service.
Oberrad • Deutschherrnufer 105 • Straßenbahn: Buchrainstraße • Tel. 68 97 77 90 • www.gerbermuehle.de • 18 Zimmer • 🐾 • €€€

Radisson SAS   ▸ S. 110, B 3

Spektakuläre Architektur • Ein Hingucker: Der Neuzugang in Nachbarschaft des Messegeländes präsentiert sich im futuristischen Scheibenlook. Für das Interieur zeichnete Stardesigner Matteo Thun verantwortlich. Im obersten Stock gibt es einen riesigen Fitness- und Wellnessbereich.
Messeviertel • Franklinstr. 65 • Straßenbahn: Dammheide • Tel. 7 70 15 50 • www.frankfurt.radissonsas. com • 428 Zimmer • €€€

The Pure   ▸ S. 115, E 9

Schlichter Schick • Das Pure zählt zum erlesenen »Design Hotel«-Kreis, der weltweit circa 190 Hotels umfasst, die durch einen besonderen Stil oder ein bemerkenswertes Konzept von sich reden machen. Weiß und aufgeräumt präsentieren sich Lobby, Bar und Rezeption. In den Zimmern schaffen Eichenparkett und Holzmöbel eine warme Atmosphäre.
Bahnhofsviertel • Niddastr. 86 • S-/U-Bahn: Hauptbahnhof • Tel. 7 10 45 70 • www.the-pure.de • 50 Zimmer • 🐾 • €€€

HOTELS €€
Art Hotel Robert Mayer

▸ S. 111, D 3

Individuell • Jedes Zimmer der denkmalgeschützten Villa wurde zu einer Inszenierung – Frankfurter Künstler haben im schönen Gründerzeithaus die Räumlichkeiten gestaltet.
Bockenheim • Robert-Mayer-Str. 44 • U-Bahn: Bockenheimer Warte • Tel. 9 70 91 00 • www.arthotel-frankfurt. de • 12 Zimmer • €€

Bristol   ▸ S. 115, E 9

Lässige Atmosphäre • Ein kunstvoll gestaltetes Designhotel in der Nähe des Hauptbahnhofs. Das Angebot zielt auf junge, urbane Gäste. Die Bar ist 24 Stunden geöffnet und lockt auch Frankfurter Szenepublikum an.

Bahnhofsviertel • Ludwigstr. 15 •
S-/U-Bahn: Hauptbahnhof • Tel.
24 23 90 • www.bristol-hotel.de •
145 Zimmer • 🐾 • €€

Goldman 25 Hours ▶ S. 113, E 8

Im Ausgehviertel • Eines der außergewöhnlichsten Hotels der Stadt. Die 49 Zimmer auf sieben Etagen wurden von Delphine Buhro und Michael Dreher individuell und recht bunt konzipiert – das Zirkus-Zimmer etwa verfügt über einen hölzernen Löwenkäfig als Nachttisch. Über drei Jahre verbrachten die beiden mit der Suche nach passenden Einrichtungsstücken und Vintage-Tapeten. Sehr zu empfehlen ist auch das hauseigene Restaurant, das von Shootingstar Thomas Haus geführt wird.
Ostend • Hanauer Landstr. 127 • Straßenbahn: Osthafenplatz • Tel. 40 58 68 90 • www.25hours-hotels.com • 49 Zimmer • ♿ • 🐾 • €€

Nizza ▶ S. 115, F 9

Kleinod im Rotlichtbezirk • Schön schlicht: Die Stadtvilla wurde mit viel Geschmack restauriert und ausgestattet. Dachgarten mit Panoramablick. Schauspieler, die am Frankfurter Stadttheater gastieren, checken hier häufig und gerne ein.
Bahnhofsviertel • Elbestr. 10 •
S-/U-Bahn: Hauptbahnhof • Tel.
2 42 53 80 • www.hotelnizza.de •
25 Zimmer • €€

Twenty Five Hours Hotel by Levi's ▶ S. 111, F 4

Jung und urban • Das charmante Designhotel liegt neben der Deutschland-Zentrale der Modemarke Levi's. Alle Zimmer sind in Jeansblau eingerichtet. Schöne Dachterrasse und ein großartiges Restaurant: **Chez IMA**.

Bahnhofsviertel • Niddastr. 58 •
S-/U-Bahn: Hauptbahnhof • Tel.
2 56 67 70 • www.25hours-hotels.
com • 76 Zimmer • 🐾 • €€

HOTELS €

5 Elements ▶ S. 111, F 4

Günstiges Designhotel • Ohne jeglichen Jugendherbergs-Muff: Das 5 Elements beweist, dass ein Backpacker-Hostel durchaus schick sein kann. Unkomplizierter, netter Service.
Bahnhofsviertel • Moselstr. 40 •
S-/U-Bahn: Hauptbahnhof • Tel. 24 00 58 85 • www.5elementshostel.de •
44 Zimmer • €

Alexander am Zoo ▶ S. 113, D 7

Nah an der Innenstadt • Große, gut ausgestattete Zimmer im kleinen Stadthotel am Rande der City.
Ostend • Waldschmidtstr. 59–61 •
U-Bahn: Habsburgerallee • Tel.
94 96 00 • www.alexanderamzoo.de •
66 Zimmer • ♿ • 🐾 • €

Frankfurt Hostel ▶ S. 115, F 9

Günstig und gut • Preiswerter als in dem schönen Hostel in einer alten Sprachschule kann man in Frankfurt kaum übernachten. Junges, internationales Publikum.
Bahnhofsviertel • Kaiserstr. 74 •
S-/U-Bahn: Hauptbahnhof • Tel. 2 47 51 30 • www.frankfurt-hostel.com •
53 Zimmer • ♿ • €

Gölz ▶ S. 111, E 3

Charmant und ruhig • Sympathische, kleine Hotelpension in einer stilvollen Westendvilla aus der Gründerzeit. Ruhige Lage, aber trotzdem keine weiten Wege in die Innenstadt.
Westend • Beethovenstr. 44 • U-Bahn: Bockenheimer Warte • Tel. 74 67 35 •
www.hotel-goelz.de • 12 Zimmer • €

Essen und Trinken
Grüne Soße und Apfelwein: Die typische Regionalkost wird in urigen Restaurants genossen. Wem das zu deftig ist, der kann zwischen Gourmettempeln und Küchen aus aller Welt wählen.

◄ Offene Küche im Sushimoto (► S. 17): Zwei Teppanyaki-Grills ziehen sich hier fast durch den gesamten Speiseraum.

So multikulturell wie die Stadt sind auch ihre Restaurants. Äthiopische Injera-Gerichte, die man mit den Händen isst, kalifornische Fusion-Küche, feine Franzosen und asiatische Rezepte in all ihren Variationen – die Frankfurter Restaurantlandschaft kennt kaum etwas, das es nicht gibt. Diese Vielfalt hat aber ihren Preis. Viele Lokalitäten, gerade in der Innenstadt, sind leider recht teuer.

Eine günstige Alternative sind die **Apfelweinkneipen** 🔢, die es aber nicht nur aus Kostenspargründen aufzusuchen lohnt. Hier kann man Frankfurter Gesellikeit, hessische Schnauze und eine famose Regionalküche entdecken. Sie sollten Frankfurt keinesfalls wieder verlassen, ohne wenigstens einmal **Handkäs' mit Musik** probiert zu haben. Diesen würzigen Käse mit Essig und Zwiebeln essen Kenner übrigens nur mit dem Messer. Einen Handkäs' mit der Gabel aufzuspießen gilt als verpönt. Fantastisch ist auch die Frankfurter **Grüne Soße** (frankfurterisch: Grie Soß'), die mit Salzkartoffeln und Ei serviert wird. Sie besteht aus mindestens sieben frischen Kräutern wie Petersilie, Schnittlauch, Kresse und Sauerampfer, die je nach Jahreszeit variieren, und wird mit Sauerrahm, Joghurt oder Mayonnaise angerührt. Dass Goethes Mutter Aja das Rezept erfand und die Grie Soß' des Dichterfürsten Leibspeise war, ist als Legende widerlegt, hält sich als Gerücht aber hartnäckig. Den sauren **Apfelwein** (Ebbelwoi), den Frankfurter auch liebevoll ihr »Stöffche« nennen, bestellt man am besten gleich im »Bembel«: Bis zu zwölf Gläser fasst der blaugraue Tonkrug. Getrunken wird aus dem »Gerippten«, dem Becherglas mit Rautenmuster.

Hoch gehalten und neu interpretiert wird die regionale Küche auch in einigen Szenerestaurants, die die Äpplertradition mit urbanem Lebensstil kreuzen. In Läden wie dem **Mosebach** (► S. 19) oder **Oma Rink's Sterntaler** (► S. 19) wird die deftige Kost mit Elementen aus der internationalen Crossover-Küche kombiniert – ein Experiment, das meistens sehr gelungene Resultate erbringt.

Preise für ein dreigängiges Menü:

€€€€ ab 50 €	€€ ab 15 €
€€€ ab 25 €	€ bis 15 €

ASIATISCH

Sushimoto ► S. 119, E 18

Feinste Fischkunst • Frankfurts nobelste Adresse für Liebhaber von Sushi, Sashimi und Teppanyaki. Innenstadt • Konrad-Adenauer-Str. 7 • S-/U-Bahn: Konstablerwache • Tel. 1 31 00 57 • www.sushimoto.eu • Di–So 12–14.30, 18–21.30 Uhr • €€€€

Rama V ► S. 119, E 17

Legendär • Einer der besten Thailänder der Stadt besticht seit Jahren mit seiner raffinierten Küche. Innenstadt • Vilbeler Str. 32 • S-/U-Bahn: Konstablerwache • Tel. 21 99 64 88 • Mo–Fr 12–15, 18–1, Sa 12–1, So 18–1 Uhr • €€

Suvadee ► S. 112, C 7

Klassische Thai-Küche • Stilvolles Restaurant mit mehr als 200 Spezialitäten von mild bis spicy. Nordend • Baumweg 19 • U-Bahn: Merianplatz • Tel. 4 94 07 64 • www.

Mobiliar aus hellem Eichenholz und weißes Porzellangeschirr: Die beliebte japanische Suppenküche MoschMosch (▶ S. 18) serviert frische Gerichte zu fairen Preisen.

suvadeee.de • Di–Fr 12–15, 18–23, Sa, So 12–23 Uhr • €€

MoschMosch   ▶ S. 118, A 18

Gesunde Asiaküche • Hier gibt es japanische Nudelsuppen mit nahrhaften und gesunden Zutaten. Cooles Ambiente – fast wie im Londoner Vorbild »Wagamama«.
Innenstadt • Luginsland 1 • S-/U-Bahn: Hauptwache • Tel. 13 38 81 81 • www.moschmosch.com • Mo–Sa 11–23, So, feiertags 13–22 Uhr • €

ÄTHIOPISCH

Im Herzen Afrikas   ▶ S. 115, F 9

Exotisches Flair • Man sitzt auf Kissen gebettet im Sand, fischt mit dem Injera-Fladen in den Händen nach Lamm oder Gemüse und genießt die einzigartige Atmosphäre. Ohne Reservierung bekommt man allerdings selten einen Platz im Herzen Afrikas.
Bahnhofsviertel • Gutleutstr. 13 • U-Bahn: Willy-Brandt-Platz • Tel. 24 24 60 80 • www.im-herzen-afrikas.de • tgl. 18–1 Uhr • €€

BÜRGERLICH

Mosebach ▸ S. 112, C 7

Schöner Hinterhof • Traditionelle Regionalküche, um kreative Einfälle aber nie verlegen. Im Sommergarten geht es ausgesprochen gesellig zu. Nordend • Sandweg 29 • U-Bahn: Zoo • Tel. 4 93 03 96 • tgl. 17–23 Uhr • €€

Oma Rink's Sterntaler ▸ S. 112, C 7

Klassiker in neuem Kleid • Oma Rink ist eine Legende, bis ins hohe Alter führte sie die urige Kneipe. Vor einiger Zeit wurde das Lokal renoviert, die Speisekarte modernisiert – und hat sich zum neuen Szenetreff entwickelt. Nordend • Musikantenweg 68 • U-Bahn: Merianplatz • Tel. 40 56 22 90 • www.omarinks-sterntaler.de • Mo–Fr 17–1, Sa 17–2, So 10–0 Uhr • €€

FRANZÖSISCH

Erno's Bistro ▸ S. 111, F 3

Spitzenküche • Auf den ersten Blick ein kleines Bistro, tatsächlich eine der großen kulinarischen Adressen Frankfurts: Diese Küche muss man heute selbst in Frankreich suchen. Beeindruckende Weinkarte. Westend • Liebigstr. 15 • U-Bahn: Westend • Tel. 72 19 97 • www.ernosbistro.de • Mo–Fr 12–14, 19–22 Uhr • €€€€

Jaspers ▸ S. 116, B 14

Wie in Frankreich • Elsässische Küche und Pariser Ambiente. Probieren Sie den erstklassigen Flammkuchen! Sachsenhausen • Schifferstr. 8 • S-Bahn: Lokalbahnhof • Tel. 61 41 17 • www.jaspers-frankfurt.de • Mo–Sa 18–1 Uhr • €€€

Knoblauch ▸ S. 111, F 3

Elsässisches Eldorado • Seit 25 Jahren führt Dorit Jaeger ihr sympathisches Bistro – und die Gäste lieben Pâté, Foie gras und Choucroute. Kein Wunder, am Herd steht ein Elsässer. Westend • Staufenstr. 39 • U-Bahn: Westend • Tel. 72 28 28 • www.restaurantknoblauchfrankfurt.de • Mo–Fr 12–14, 18.30–1 Uhr • €€€

GOURMET

Français ▸ S. 118, B 19

Fein und kreativ • Im Gourmetrestaurant des Traditionshotels **Frankfurter Hof** (▸ S. 13) serviert Chefkoch Patrick Bittner französisch inspirierte Gerichte mit regionalem Akzent. Innenstadt • Am Kaiserplatz • U-Bahn: Willy-Brandt-Platz • Tel. 21 51 18 • www.frankfurter-hof.steigenberger.de • Mo–Fr 12–14.30, 18.30–22.30 Uhr • €€€€€

Silk/Micro ▸ S. 113, östl. F 7

Avantgarde • Gourmetküche im Technoclub: Die zwei hervorragenden Restaurants in Sven Väths **Cocoon Club** (▸ S. 41) stehen unter der Regie von Mario Lohninger, der früher im New Yorker Danube gekocht hat. Das **Silk** ist ein Bed-Restaurant mit exquisiter und experimenteller Gourmetküche, das Menü mit bis zu 15 Gängen kostet um die 70 €. Und im **Micro** mischt Lohninger deftige Schmankerl aus Österreichs Kochbüchern mit einer kreativen Molekularküche. Dem renommierten »Guide Michelin« gefällt der Junge Wilde: Lohningers Küchenhandwerk wurde 2007 erstmals mit einem der begehrten Michelin-Sterne geadelt. Fechenheim • Carl-Benz-Str. 21 • Straßenbahn: Dieselstraße • Tel. 90 02 00 • www.cocoonclub.net
– Micro: Di–Do 19–3, Fr, Sa 19–6 Uhr (Küche bis 24 Uhr)
– Silk: Di–Sa Menüstart 20 Uhr, Fr, Sa zusätzlich 0.30 Uhr • €€€€

INTERNATIONAL

Döpfner's im Maingau
▶ S. 116, B 14

Kreativ und regional • Das Traditionsrestaurant im Maingau-Hotel hat mit Jörg Döpfner einen neuen innovativen Kopf bekommen. Die Qualität ist geblieben: Edle regionale trifft mediterrane Küche, dazu tolle Weine. Sachsenhausen • Schifferstr. 38–40 • U-Bahn: Schweizer Platz • Tel. 60 91 42 01 • www.maingau.de • Di–Fr 12–14.30, 18–22, Sa 18–22, So 12–14.30 Uhr • €€€€

Ivory Club
▶ S. 111, F 4

Koloniales Crossover • Fackeln vor dem Eingang, erstklassiger Service und ein so edel wie dunkel eingerichtetes Lokal. So luxuriös wie hier bekommt man indische Küche nirgends serviert. Außerdem: hervorragende Steaks. Innenstadt • Taunusanlage 15 • U-Bahn: Alte Oper • Tel. 77 06 77 67 • www.ivory-club.de • Mo–Fr 12–15, 18–1, Sa, So 18–1 Uhr • €€€€

Tiger-Restaurant
▶ S. 119, F 18

Edles im Artistentheater • Allerfeinste saisonale Regionalküche ist die Spezialität von Alfred Friedrich, der im Restaurant des Varieteetheaters Tigerpalast (▶ S. 47) das Sagen hat. Innenstadt • Heiligkreuzgasse 16–20 • S-/U-Bahn: Konstablerwache • Tel. 9 20 02 20 • www.tigerpalast.com • Di–Sa 19–24 Uhr • €€€€

Frankfurter Botschaft ▶ S. 115, F 10

Spektakuläre Architektur • Schwer angesagte Restaurant-Bar im Westhafen. Junges Szenepublikum vergnügt sich an minimalistischem Retrodesign und kreativer Küche. Gutleutviertel • Westhafenplatz 6–8 • Straßenbahn: Baseler Platz • Tel. 24 00 48 99 • www.frankfurter-botschaft.de • So–Do 10–1, Fr, Sa 10–2 Uhr • €€€

Gargantua
▶ S. 112, A 7

Mediterran • Das Restaurant von Klaus Trebes ist eine Institution. Jetzt ist das Gargantua umgezogen und präsentiert sich moderner und kreativer. Unschlagbar ist das Mittagsmenü für 9,50 € – ein besseres Preis-Leistungs-Verhältnis findet man wohl derzeit nirgendwo in der Stadt. Deshalb muss man mittlerweile auch mittags unbedingt reservieren. Innenstadt • An der Welle 3 • U-Bahn: Alte Oper • Tel. 72 07 18 • www.gargantua.de • Mo–Fr 12–14.30, 18–23.30 Uhr • €€€

Heimat
▶ S. 118, B 19

Wein und Design • Kreative Küche und tolle deutsche Weine kommen in einem spektakulär umgebauten Fünfzigerjahre-Kiosk auf den Tisch. Innenstadt • Berliner Str. 70 • S-/U-Bahn: Hauptwache • Tel. 29 72 59 94 • Mo–Sa ab 18 Uhr • €€€

Holbein's
▶ S. 116, A 14

Edles Museumsrestaurant • Sehen und gesehen werden: Die gläserne Architektur in der historischen Fassade des Städel Museums (▶ S. 78) ist wahrlich beeindruckend. Sachsenhausen • Städelmuseum • Holbeinstr. 1 • U-Bahn: Schweizer Platz • Tel. 66 05 66 66 • www.meyerfrankfurt.de • Di–So 10–24 Uhr • €€€

Lobster
▶ S. 116, B 13

Mediterraner Dauerbrenner • Bezauberndes Bistro mit tollen Weinen und einer großartigen Küche zwischen Französisch und Italienisch. Sachsenhausen • Wallstr. 21 • S-Bahn: Lokalbahnhof • Tel. 61 29 20 • www.

Tische gibt es keine, man isst im Liegen auf weichen Lederpolstern und Kissen: das »Bed-Restaurant« Silk (▸ S. 19) im Cocoon Club von Techno-Legende Sven Väth.

lobster-weinbistrot.de • Mo–Sa 18–1 Uhr • €€€

Weinsinn   ▸ S. 112, A 6

Feine Weine • Kugellampen, schlichte Holztische und Eames-Stühle: Das Weinsinn ist stilsicher und zugleich gemütlich. Aufgetischt wird eine feine Crossover-Küche, dazu gibt es fantastische Weine von Spitzenweingütern. Westend • Fürstenbergerstr. 179 • U-Bahn: Holzhausenstraße • Tel. 56 99 80 80 • www.weinsinn-frankfurt.de • Di–Sa ab 18.30 Uhr • €€€

Café Größenwahn   ▸ S. 112, B 6

Urgestein • Ein Klassiker der alternativen Nordendszene. Immer voll, immer laut, immer herrlich. Die Küche variiert zwischen kreativ und bodenständig. Unbedingt reservieren! Nordend • Lenaustr. 97 • U-Bahn: Glauburgstraße • Tel. 59 93 56 • www.cafe-groessenwahn.de • tgl. 16–1 Uhr • €€

Ima Multibar   ▸ S. 118, A 18

Junger Szenetreff • Ima heißt Mutter. Und mit viel mütterlichem Herz werden in dem kleinen Laden mit großem Flair leckere Wraps, knackige Salate und gesunde Smoothies serviert. Doch die Multibar will mehr sein: Abends herrscht Barbetrieb, ausgestellt werden Arbeiten befreundeter Künstler, Grafiker und Fotografen. Innenstadt • Kleine Bockenheimer Str. 14 • U-Bahn: Alte Oper • Tel. 90 02 56 65 • www.ima-multibar.de • Mo–Mi 11–21.30, Do–Sa 11–1.30 Uhr • €€

ITALIENISCH

Biancalani Cucina   ▸ S. 116, C 13

Kreative Küche • Tolle italienische Gerichte mit Mut zum Crossover. Im Sommer sitzt man unter den Arkaden. Neben dem Restaurant gibt es noch eine Bar und eine Enoteca. Sachsenhausen • Walther-von-Cronberg-Platz 7–9 • S-Bahn: Lokalbahnhof • Tel. 68 97 76 15 • www.bianca

lani.de • Mo–Fr 12–15 und ab 23, Sa ab 23 Uhr • €€€

Nummer 16   ▶ S. 113, D 6

Skurril und charmant • Bei Luigi und Luana wird sardisch gekocht. Die Portionen sind so üppig, dass Sie sich getrost ein Gericht teilen können. Bornheim • Wiesenstr. 52 • U-Bahn: Bornheim Mitte • Tel. 46 45 91 • Mo–Sa 18–1, So 11.30–14.30, 18–1 Uhr • €€

Osteria Divino   ▶ S. 111, F 4

Tolle Weine • Olimpio Mautane, der schon in der Kantine des Hessischen Rundfunks den Kochlöffel schwang, ist ein Gastgeber mit Herz. Die kreative Küche ist ungeschlagen. Westend • Zimmerweg 5–7 • S-Bahn: Taunusanlage • Tel. 72 13 08 • Mo–Fr 12–15, 18–1, Sa 18–1 Uhr • €€

Vinesso   ▶ S. 112, A 7

Typisch Nordend • Herzlicher Service; auf der Karte stehen eine Handvoll italienischer Köstlichkeiten und großartige Weine in diesem schlicht und stilsicher eingerichteten Bistro. Nordend • Fichardstr. 34 • U-Bahn: Grüneburgweg • Tel. 50 69 68 68 • www.vinesso-ffm.de • tgl. 11.30–1 Uhr • €€

7 Bello   ▶ S. 115, E 9

Italienische Hausmannskost • Geradezu kultisch wird die kleine Pizzeria direkt hinter dem Hauptbahnhof verehrt. In der Küche des Familienbetriebs steht Mamma noch selber hinten den Töpfen und zaubert hervorragende Pasta, Fisch und heiß brutzelndes Rindfleisch mit Unmengen Rosmarin. Die Pizzen sind kross und immer mit frischen Zutaten belegt. Der Service ist eigenwillig bis stoffelig – und wirkt doch gerade dadurch so charmant. Nordend • Niddastr. 82 • S-/U-Bahn: Hauptbahnhof • Tel. 23 60 99 • Mo–Sa 10–0.30 Uhr • €

»Das Leben ist schön« (▶ S. 23) lautet der Leitspruch und Name dieses Italieners. Hier gibt es an langen Holztischen Gerichte der mediterranen Küche und tolle Pizza.

Das Leben ist schön ▶ S. 113, F 8

Stärkung für die Clubnacht • Stimmungsvoller Italiener auf dem Union-Gelände, wo nach dem Dinner im **Club King Kamehameha** (▶ S. 41) oder der Dachterrassenbar **Sansibar Roofgarden** gefeiert werden darf. Ostend • Hanauer Landstr. 198 • Straßenbahn: Schwedlerstraße • Tel. 43 05 78 70 • www.daslebenistschoen.de • Mo–Do 11–24, Fr 11–1, Sa 18–1, So 18–24 Uhr • €

Terranova ▶ S. 112, B 6

Besondere Atmosphäre • Laut und wuselig, immer gut besucht. Pasta und Pizza sind fantastisch und dazu auch noch recht günstig. Nordend • Eckenheimer Landstr. 67 • U-Bahn: Glauburgstraße • Tel. 59 79 70 19 • tgl. 11.30–23 Uhr • €

MEDITERRAN

Aubergine ▶ S. 119, D 17

Gemütlich und edel • Patron Paolo Vargiu setzt in seinem Restaurant in der Nachbarschaft der Konstablerwache auf frische Zutaten und mediterrane Aromen. Dazu werden sehr gute, hochpreisige Weine gereicht. Innenstadt • Alte Gasse 14–16 • S-/U-Bahn: Konstablerwache • Tel. 9 20 07 80 • www.aubergine-frankfurt.de • Mo–Fr 12–15, 18–1 (warme Küche bis 23), Sa 18–1 Uhr • €€€€

ORIENTALISCH

Schandis ▶ S. 112, C 6

Gemütlich • Persisches Restaurant mit viel Atmosphäre und authentischer Küche. Probieren Sie den Joghurtdrink »Dough«! Nordend • Nordendstr. 2 • Straßenbahn: Nibelungenplatz • Tel. 55 73 37 • www.schandis.de • Mo–Fr 12–23.30, Sa, So 13–23.30 Uhr • €€

SNACKS

Gref-Völsings ▶ S. 113, E 8

Frankfurter Original • Die Rindswurst ist ein Frankfurter Bestseller. Im Imbiss treffen Banker, Werber und Szeneprominenz aufeinander. Ostend • Hanauer Landstr. 132 • U-Bahn: Ostbahnhof • Tel. 43 35 30 • www.gref-voelsings.de • Mo 7–14, Di–Fr 7–18, Sa 7–13 Uhr • €

APFELWEINKNEIPEN ✪

Atschel ▶ S. 116, B 13

Sympathisch und schnörkellos • Besucher, denen die Regionalküche nicht zusagt, wählen Salate oder Fisch. Sachsenhausen • Wallstr. 7 • S-Bahn: Lokalbahnhof • Tel. 61 92 01 • tgl. 12–24 Uhr • €€

Exenberger ▶ S. 116, B 14

Apfelwein und Design • Apfelweinkultur geht auch anders: Das Exenberger ist ein schicker Imbiss. Bestellt und bezahlt wird an der Theke, serviert wird eine regionale, modern und leicht interpretierte Regionalküche. Sachsenhausen • Bruchstr. 14 • Bus: Feldbergstraße • Tel. 63 39 07 90 • www.exenberger-frankfurt.de • Mo–Sa 11–23 Uhr • €€

Fichtekränzi ▶ S. 116, B 13

Für Jung und Alt • Zum Äppler kommt Deftiges auf den Tisch: Ochsenbrust mit Grüner Soße, Handkäs' mit Musik, Sachsenhäuser Schneegestöber.

WUSSTEN SIE, DASS...

... die Grüne Soße eigentlich aus Italien stammt? Italienische Händler brachten »Salsa verde« um 1700 nach Frankfurt. Das widerlegt auch den Mythos, dass Goethes Mutter die Leibspeise erfunden hat.

Sachsenhausen • Wallstr. 5 • S-Bahn: Lokalbahnhof • Tel. 61 27 78 • www.fichtekraenzi.de • tgl. 17–24 Uhr • €€

Kanonesteppel ▶ S. 116, B 14
Schöner Innenhof • Ein Apfelweinlokal wie aus dem Bilderbuch, und die Portionen sind hier mehr als üppig. Sachsenhausen • Textorstr. 20 • U-Bahn: Schweizer Platz • Tel. 61 18 91 • www.kanonesteppel.de • Mo–Sa 10–24 Uhr • €€

Zum Eichkatzerl ▶ S. 116, C 14
Traditionslokal • Ein wunderschöner Sommergarten und eine freundliche Bedienung – das ist natürlich bekannt unter den Frankfurtern. Sachsenhausen • Dreieichstr. 29 • S-Bahn: Lokalbahnhof • Tel. 61 74 80 • www.eichkatzerl.de • Di–So 16–24 Uhr • €€

Zum gemalten Haus ▶ S. 116, B 14
Authentisch • Hinter bemalter Fassade versteckt sich die urige Kneipe. Fast immer Hochbetrieb. Sachsenhausen • Schweizer Str. 67 • U-Bahn: Schweizer Platz • Tel. 61 45 59 • www.zumgemaltenhaus.de • Di–So 10–24 Uhr • €€

Zur Sonne ▶ S. 113, E 5
Schöner Garten • Das Lokal Zur Sonne residiert in einem schönen Fachwerkhaus. Prächtiger Sommergarten mit altem Baumbestand. Bornheim • Berger Str. 312 • U-Bahn: Seckbacher Landstraße • Tel. 45 93 96 • Mo–Sa 17–24, So 12–23 Uhr • €€

Schreiber Heyne ▶ S. 116, C 14
Junges Publikum • Ganz vorzüglich ist das Schnitzel Wiener Art mit Grüner Soße, und als Hausspezialität wird der Calvados mit Mispel gereicht.

Sachsenhausen • Mörfelder Landstr. 11 • S-Bahn: Lokalbahnhof • Tel. 62 39 63 • www.schreiber-heyne.de • Mo–Fr 12–14.30, 16.30–1, Sa, So 16.30–1 Uhr • €

CAFÉS

Café im Liebieghaus ▶ S. 116, A 14
Idyllisches Museumscafé • Der verwunschene Garten des Museums ist an Idylle kaum zu überbieten. Selbst gemachte Kuchen, gute Salate. Sachsenhausen • Schaumainkai 71 • U-Bahn: Schweizer Platz • Tel. 63 58 14 • www.cafe-im-liebieghaus.de • Di–Fr 11–20, Sa 10–18.30, So 10–20 Uhr

Café Kante ▶ S. 112, C 7
Ein Klassiker • Bezauberndes Kaffeehaus. Köstlich sind die Obstsalate mit griechischem Joghurt, als Klassiker gilt das Ei im Glas mit Schnittlauch. Nordend • Kantstr. 13 • U-Bahn: Merianplatz • Tel. 4 99 00 83 • Mo–Fr 7–20, Sa 7–19, So 8.30–19 Uhr

Café Karin ♀♂ ▶ S. 118, B 19
Szenetreff in der City • Der Treffpunkt für Künstler, DJs, Werber und Studenten ist eine Legende. Innenstadt • Großer Hirschgraben 28 • S-/U-Bahn: Hauptwache • Tel. 29 52 17 • www.cafekarin.de • Mo–Do 8.30–1, Fr, Sa 8.30–2, So 10–19 Uhr

Café Wacker ▶ S. 118, C 19
Eigene Rösterei • Kenner schwören: Hier gibt es den besten Kaffee der Stadt. 23 Sorten hat das Traditionshaus im Angebot. Vor dem Wacker trinkt man den Cappuccino an Stehtischen, blättert durch die Zeitung oder blinzelt einfach in die Sonne. Innenstadt • Kornmarkt 9–11 • S-/U-Bahn: Hauptwache • Tel. 28 78 10 • Mo–Fr 8–19, Sa 8–18 Uhr

Kenner sprechen vom besten Kaffee der Stadt: Die edlen Bohnen der Rösterei Wacker (▸ S. 24) kann man direkt im Café vor Ort genießen oder als Mitbringsel erwerben.

Ginkgo ▸ S. 112, C 7

Dauerbrenner • Ein Szenetreff mit kreativer Küche. Während der Sommermonate sitzt man gesellig auf den Bänken am Gehweg.
Nordend • Berger Str. 81 • U-Bahn: Höhenstraße • Tel. 49 12 02 • www.ginkgo-frankfurt.de • So–Do 9–1, Fr, Sa 9–2 Uhr

Iimori Patisserie ▸ S. 118, C 19

Kuchenkunst aus Nippon • In dieser japanischen Patisserie werden Grünteekuchen, Brötchen mit Süßbohnenpaste, japanische Tees, aber auch französisches Gebäck, Honig und Marmeladen verkauft.
Altstadt • Braubachstr. 24 • U-Bahn: Römer • Tel. 97 76 82 47 • Mo–Fr 9–19, Sa, So 10–19 Uhr

La Maison du Pain ▸ S. 112, A 7

Bistro-Flair • Pariser Duft im Nordend: Die Maison du Pain ist Bäckerei, Café und Bistro in einem. Die Tartines werden nach Originalrezepten zubereitet und belegt, die Apfeltarte schmeckt himmlisch. Kleine Auswahl französischer Weine.
Nordend • Oeder Weg 30 • U-Bahn: Eschenheimer Tor • Tel. 59 67 37 75 • Mo–Fr 7–22, Sa 8–20 Uhr

Operncafé ▸ S. 118, A 18

Sehen und gesehen werden • Man nimmt eine Kleinigkeit zu sich, schmökert in der Zeitung, genießt den Blick auf den Opernplatz – und wähnt sich fast in Paris.
Innenstadt • Opernplatz 10 • U-Bahn: Alte Oper • Tel. 28 52 60 • Mo–Sa 9–1, So, feiertags 11–1 Uhr

Siesmayer ▸ S. 111, E 3

Idyll am Park • Schickes Terrassencafé im Palmengarten.
Westend • Palmengarten • Siesmayerstr. 59 • U-Bahn: Westend • Tel. 90 02 92 00 • www.palmengartengastronomie.com • tgl. 7.30–24 Uhr

grüner
reisen

Wer zu Hause umweltbewusst lebt, möchte dies vielleicht auch im Urlaub tun. Mit unseren Empfehlungen im Kapitel grüner reisen wollen wir Ihnen helfen, Ihre »grünen« Ideale an Ihrem Urlaubsort zu verwirklichen und Menschen zu unterstützen, denen ein verantwortungsvoller Umgang mit der Natur am Herzen liegt.

Nachhaltige Hochhäuser und feine Bioläden

Auch wenn das Stadtbild mit viel Beton und Wolkenkratzern etwas anderes vermuten lässt: Frankfurt ist eine Hochburg des Umweltschutzes. Schon Anfang der Neunzigerjahre beschloss das Stadtparlament, dass die grüne Lunge rund um die Stadt, der sogenannte »GrünGürtel«, vor Bebauung geschützt werden muss. Auch die Einführung der Umweltzone ging ohne Widerstand über die Bühne. Bis 2012 werden Autos ohne grüne Plakette aus der Innenstadt verbannt sein.
Neue Wege beschreitet Frankfurt im Hochhausbau: Gerade werden die berühmten Zwillingstürme der Deutschen Bank aufwendig saniert. Sie sollen zu »Greentowers« werden, also besonders umweltfreundlichen, nachhaltigen Bürotürmen. An der Messe entsteht ein weiterer Öko-Wolkenkratzer, der von Christoph Mäckler entworfene »Tower 185«. Und schon heute ist Frankfurt Europas Hauptstadt der Passivhäuser: In keiner anderen Metropole des Kontinents gibt es mehr Ökowohnhäuser als hier. Aber auch im Kleinen geben sich die Frankfurter nachhaltig. In Vierteln wie Bockenheim oder im Nordend sprießen die Biosupermärkte aus dem Boden – und es gibt immer mehr tolle Restaurants und Modeläden mit Öko-Standards.

ÜBERNACHTEN
Villa Orange ▸ S. 112, B 7

Das Hotel im Nordend ist schön und hell eingerichtet, die Atmosphäre familiär – und schon seit einiger Zeit gibt man sich hier große Mühe, Nachhaltigkeit auch in der Praxis umzusetzen. Das Frühstücksbüfett wird in Bioqualität serviert, in den Badezimmern gibt es nur Biokosmetikprodukte, und die Bettwäsche besteht aus Biobaumwolle. Auch bei der Zimmerreinigung wird darauf geachtet, dass ausschließlich umweltschonende Putzmittel zum Einsatz kommen. Seit 2008 ist die Villa Orange biozertifiziert, seit 2009 Mitglied im Verband der Biohotels.

Nordend • Hebelstr. 1 • U-Bahn: Musterschule • Tel. 40 58 40 • www.villa-orange.de • 38 Zimmer • 🐾 • €€

ESSEN UND TRINKEN
Naturbar ▸ S. 112, A 7

Ein Frankfurter Klassiker. Seit 1971 werden in dem Mini-Restaurant vegetarische Gerichte aus regionalen Zutaten aufgetischt. Besonders mittags ist das Lokal gut besucht. Auf der Karte stehen Buchweizensuppe mit Thymian, Gemüse-Paella oder indische Currys. Mindestens eine vegane Hauptspeise ist immer im Angebot.

Innenstadt • Oeder Weg 26 • U-Bahn: Eschenheimer Tor • www.naturbar frankfurt.de • Mo–Fr 11.30–15.30, 18–23, Sa 18–23 Uhr • €€

Chili Queen ▸ S. 112, C 7

Die Chili Queen ist eine charmante Mischung aus Imbiss und Café. Früher haben die Macher ihr Chili con carne aus Biozutaten auf Wochenmärkten verkauft, seit einiger Zeit gibt es den Laden auf der beliebten Einkaufsmeile Berger Straße. Natürlich wird hier auch eine vegetarische Variante des Eintopf-Klassikers angeboten. Außerdem: Sandwiches, feine Cookies, Kaffeespezialitäten und Biolimonaden.

Nordend • Berger Str. 77 • U-Bahn: Höhenstraße • Tel. 90 43 06 01 • www.chili-queen.de • Mo–Sa 11–21 Uhr • €

Die Kuh die lacht 🍴 ▸ S. 118, C 18

Fast Food in der ökologisch korrekten Variante: Das Fleisch für die leckeren Burger stammt größtenteils von Biobauernhöfen aus der Region. Vegetarier wählen zwischen Falafel und Nussburger. Wer auf der Suche nach einer Alternative zu Pommes frites ist, sollte unbedingt einmal die Pastinakenchips probieren. Und seit Kurzem gibt es eine zweite Filiale unweit vom Willy-Brandt-Platz in der Friedensstr. 2.

Innenstadt • Schillerstr. 28 • U-/S-Bahn: Hauptwache • www.diekuhdielacht.com • Mo–Sa 11–23, So 12–22 Uhr • €

Das Eis 🍴 ▸ S. 119, D 18

Bioeis findet man noch recht selten. Vorreiter für den ökologisch einwandfreien Eiskonsum ist das Frankfurter Unternehmen Das Eis. In der schicken Eisdiele an der Kleinmarkthalle kommen in die Ökobecher nur Kugeln aus saisonalen biologischen Zutaten und ohne künstliche Stabilisatoren und industriellen Zucker. Die Löffel sind CO_2-neutral, die Servietten ungebleicht.

Innenstadt • Hasengasse 1–3 • U-Bahn: Römer • www.daseis.eu • Sommer tgl. 11–19, Winter Sa 12–16 Uhr

EINKAUFEN
Organicc ▸ S. 112, C 7

Biomode sieht schon lange nicht mehr nach Kartoffelsack aus. Der beste Beweis dafür ist die kleine Boutique Organicc im Frankfurter Nordend. Hier wird ausgesucht trendige Öko- und Fair-trade-Mode verkauft. Die derzeit

angesagte Sportswear-Kollektion von Misericordia wird beispielsweise in der von Benediktinerschwestern geleiteten Schneiderschule eines peruanischen Waisenhauses hergestellt. Jugendliche Waisen erhalten hier eine Schneiderausbildung und werden auf den Arbeitsmarkt vorbereitet: eine echte Zukunftsinvestition. Verkauft werden darüber hinaus die Öko-Streetfashion-Mode des Kölner Labels Armedangels und T-Shirts von Modelegende Katherine Hamnett, die schon in den Achtzigerjahren eine Vorreiterin der »Ethical Fashion«-Bewegung war.
Nordend • Berger Str. 19 • U-Bahn: Merianplatz • www.organicc.de

So Petit Store ▸ S. 116, B 14

»Bio- und Fair-trade-Mode kann genauso schön und modisch sein wie herkömmlich produzierte Kleidung – und zwar fast zum gleichen Preis«, sagt Kirsten Weihe-Keidel. Die Frankfurterin hat das Ökomode-Unternehmen Sense Organics gegründet und produziert – unter dem Label So Petit – wunderschöne Kleidung für Kinder und Babys. Im So Petit Store in Sachsenhausen kann man farbenfrohe Shirts mit netten Motiven, niedliche Bodies und kuschelige Kapuzenjacken entdecken.
Sachsenhausen • Schweizer Str. 63 • U-Bahn: Schweizer Platz • www.sense-organics.com

Weinhalle ▸ S. 112, C 7

Immer mehr Winzer stellen auf ökologischen Weinbau um. In dem schönen Laden von Jochen Müller und Thomas Schlepütz gibt es eine große Auswahl von guten Bioweinen. Vieles stammt aus der Region (wie beispielsweise die Spitzenweine von Rheingau-Winzer Peter Jakob Kühn), es gibt aber auch tolle Biorotweine aus Italien.

Nordend • Merianplatz 4 • U-Bahn: Merianplatz • www.weinhalle-frankfurt.de

FAMILIENTIPPS

Dottenfelder Hof ▸ S. 112, nördl. C 5

Im Stadtteil Bad Vilbel befindet sich dieser wunderschöne Demeter-Bauernhof. Hier kann man nicht nur Biolebensmittel einkaufen, sondern Natur und Tierwelt hautnah erleben. Gänse marschieren über die Wiese, Kühe und Schweine sind in den Ställen zu begutachten. Für die Kleinen wurde ein herrlicher Spielplatz mit Sandkasten und Brunnenanlage eingerichtet. Und im schlichten, schönen Hofcafé lässt man sich Kuchen, Biorindswürste und frische Salate schmecken. Außerdem betreibt das Team vom Dottenfelder Hof eine Landbauschule: In verschiedenen Kursen wird hier anschaulich vermittelt, was biologisch-dynamischen Landbau heutzutage ausmacht.
Bad Vilbel, Gronauer Weg • S-Bahn: Bad Vilbel, Bus: Dottenfelder Hof • www.dottenfelderhof.de • Hofladen und Café: Mo–Fr 9–19, Sa 8.30–16 Uhr

Alter Flughafen Bonames

▸ S. 112, nördl. C 5

Der Umbau des stillgelegten Flughafens ist ein spannendes Renaturierungsprojekt: Die Flächen der ehemaligen Landebahnen wurden aufgebrochen, das alte Material vor Ort belassen. Die städtische Natur erobert sich den Raum nach und nach zurück, und so entsteht ein einmaliges Stück Wildnis in der Stadt. Der Bund Deutscher Landschaftsarchitekten war so begeistert von dem Projekt, dass er den Flughafen Bonames 2005 mit dem »Deutschen Landschaftsarchitekturpreis« ausgezeichnet hat. Auf der alten Landebahn spielen heute Kinder oder fahren eine Runde mit

Burger der ökologisch korrekten Art mit Zutaten aus kontrolliertem Anbau genießt man frisch und fettfrei zubereitet im Restaurant Die Kuh die lacht (▶ S. 27).

Roller oder Rad. Ein paar Schritte nur sind es zum Fluss Nidda oder zu einem versteckten Froschteich. Die GrünGürtel-Lernstation bietet Erkundungen im Naturschutzgebiet an und informiert über verantwortungsvolles, umweltschonendes Verhalten im Freizeitareal. Sehr schön ist auch das Tower-Café im alten Flughafengebäude. Betrieben wird es von der Werkstatt Frankfurt, einer Initiative, die sich zur Aufgabe gemacht hat, Langzeitarbeitslose zu unterstützen und ihnen durch eine neue Beschäftigung einen Weg zurück ins Berufsleben zu ebnen. Das angebotene Essen hat Bioqualität, die Zutaten stammen alle aus der Region.
Bonames, Am Burghof 55 • U-Bahn: Kalbach, Bus: Nordpark • www.tower-cafe.de • Tower-Café: Mai–Sept. Di–Sa 11–23, So 10–20, Nov.–März Di–Sa 11–22, So 10–18 Uhr

Main Äppelhaus ▶ S. 113, nördl. F 5

Rund um den Lohrberg im Norden der Stadt liegen weitläufige Streuobstwiesen. Der Verein, der das Main Äppelhaus betreibt, will Kindern den Naturraum der Apfelwiesen näher bringen. Über Veranstaltungen und Workshops kann man sich auf der Website informieren. Mehr als 20 Apfelsorten wachsen im Erlebnisgarten, im Hofladen erwirbt man das knackfrische Obst. Dort gibt es auch leckeren Apfelsaft, sortenreinen Apfelwein und Obstbrände. Im Sommer kann man sich im Äppler-Bistro mit regionaler Kost stärken.
Seckbach • Klingenweg 90 • Bus: Budge Altenheim/Lohrberg • www.main aeppelhauslohrberg.de • Hofladen: Di, Mi, Fr 10–15, Do 10–18, Sa 11–14 Uhr, Äppel-Bistro: Mai–Sept. Do–So ab 14.30 Uhr (bis Einbruch der Dunkelheit, bei Regenwetter geschl.)

Einkaufen
Frankfurt hat nicht nur die umsatzstärkste Fußgängerzone Deutschlands, sondern auch jede Menge kleine Läden, die außergewöhnliche Mode, schicke Möbel und feine Delikatessen verkaufen.

◄ Stilvoll shoppen auf acht Ebenen. Die spektakuläre Mall MyZeil (► S. 32) glänzt mit ihrer lichtdurchfluteten Architektur.

Wo das Geld sitzt, gibt man es auch gerne aus. Eine Binsenweisheit – und in Frankfurt bewahrheitet sie sich täglich neu. Auf der **Goethestraße**, Frankfurts »Fifth Avenue«, haben die Edeldesigner Quartier bezogen. Tür an Tür findet man hier die führenden Marken der Modewelt von Armani bis Zegna. Auch wenn die Reisekasse für das Abendkleid von Chanel nicht ausreicht, macht es Spaß, durch die Boutiquen zu schlendern.

Gleich um die Ecke liegt die **Fressgass'**, wegen der ungewöhnlich hohen Zahl an Delikatessenläden wird die Große Bockenheimer Straße so genannt. Zur Mittagspausenzeit geht es hier zu wie auf dem Rummelplatz – nur die Qualität der angebotenen Speisen hat mit der von Imbissbuden rein gar nichts gemein.

Die **Zeil** – Frankfurts Fußgängerzone, die von der Hauptwache zur Konstablerwache führt – ist schon seit Ewigkeiten Deutschlands umsatzstärkste Einkaufsstraße. Hier findet man außergewöhnliche Shops von Sportmarken wie Adidas und Puma oder die beliebten Läden der spanischen Newcomer Zara und Mango.

Auch die **Berger Straße** im Stadtteil Bornheim bietet sich für einen ausgedehnten Shoppingausflug an. Kleine, individuelle Läden wechseln sich hier mit reizvollen Cafés und Bars ab. Wer für Möbel oder Autos schwärmt, findet sein Glück im Ostend – auf der **Hanauer Landstraße**. Das ehemalige Industriegebiet hat sich zum Revier für Kreative, Nachtschwärmer und zur Adresse für edle Auto- und Einrichtungshäuser gemausert.

MERIAN-Tipp   **1**

BRÜCKENSTRASSE
► S. 116, B 14

Inmitten urgemütlicher Apfelweinseligkeit ist in Sachsenhausen ein Trendviertel für Mode- und Designliebhaber entstanden. In der Brückenstraße hat sich eine Reihe kleiner Boutiquen angesiedelt, die anders sind als die glänzenden Shops der großen Marken. Hier findet man Ausgefallenes, Kreatives, Skurriles. In den Läden, die **Lieblingsstücke** (► S. 35), **Ich war ein Dirndl** (► S. 35) oder **Drauf und Dran** (► S. 35) heißen, präsentiert sich die ausgefallene junge Modeszene, die es zu entdecken lohnt. Sachsenhausen • S-Bahn: Südbahnhof

DELIKATESSEN

A Taste Of Britain   ► S. 112, A 7

Very British und schwer beliebt. Tee, Cookies und Marmeladen aus dem Vereinigten Königreich.
Nordend • Oeder Weg 34 • U-Bahn: Eschenheimer Tor • www.british-food-shop.de

Käseladen   ► S. 112, C 7

Kleiner Laden mit großartiger Auswahl und kompetenter Beratung, ein Schwerpunkt liegt auf Ziegenkäse.
Nordend • Berger Str. 41 • U-Bahn: Merianplatz

Öldorado   ► S. 116, B 14

Feiner Laden, in dem sich (fast) alles ums Olivenöl dreht. Gute Beratung.
Sachsenhausen • Mörfelder Landstr. 109 a • S-Bahn: Südbahnhof • www.oeldorado.de

MERIAN-Tipp

KLEINMARKTHALLE
▶ S. 119, D 19

Die Frankfurter lieben ihre Kleinmarkthalle, die sie »Kalorienbör-
se« nennen. Das musste zuletzt
auch ein Planungsdezernent fest-
stellen, der vorschlug, das denkmalgeschützte Gebäude abzureißen
und als modernes Einkaufszentrum
wieder aufzubauen. Empörte Proteste aus der Bevölkerung brachten den Plan schnell zu Fall. Das
1879 erbaute und nach seiner Zerstörung im Zweiten Weltkrieg 1954
neu errichtete Gebäude beherbergt rund 50 Einzelhändler. Von
traditionellen Produkten mit Lo-
kalkolorit wie der berühmten Gref-
Völsing-Wurst bis zu exotischen
und exklusiven Lebensmitteln aus
aller Welt reicht das Angebot.
Innenstadt • Hasengasse 5–7 •
S-/U-Bahn: Konstablerwache

Superkato
▶ S. 118, C 19

Dass man hier das beste Sushi zum
Mitnehmen in Frankfurt bekommt,
hat sich herumgesprochen. Wer sel-
ber Sushi herstellen will, findet im
Superkato alle wichtigen Zutaten.
Innenstadt • Kornmarkt 3 • S-/U-Bahn:
Hauptwache • Mo geschl.

EINKAUFSZENTREN

MyZeil ⚦⚥
▶ S. 118, C 18

Seit 2009 steht das riesige Shopping-
center auf der Zeil für Besucher offen: Auf acht Stockwerken präsentieren sich Modemarken wie Bench,
Hollister oder Replay. Für Kinder ist
besonders der große Lego-Shop spannend. Außerdem gibt es in der obers-

ten Etage jede Menge Restaurants
und Cafés. Das futuristische Gebäude
hat der italienische Architekt Massi-
miliano Fuksas entworfen. Sein (keineswegs unumstrittener) Bau wurde
mit einem Eintrag im Deutschen Ar-
chitekturjahrbuch 2010 geehrt.
Innenstadt • Zeil 106 • S/U-Bahn:
Hauptwache • www.myzeil.de

Zeilgalerie
▶ 118, C 18

Diese Shopping-Mall erinnert die
Frankfurter an den »Baulöwen« Jür-
gen Schneider: Der windige Investor
hatte den außergewöhnlichen Kon-
sumtempel vom Darmstädter Architekten Rüdiger Kramm entwerfen
lassen – kurz nach der Fertigstellung
wanderte Schneider wegen krimine-
ler Finanzgeschäfte ins Gefängnis.
Weil der Bau in die Jahre gekommen
ist, wird er nun mit einer neuen Fassade verschönert. Von der Dachterrasse hat man einen tollen Blick.
Innenstadt • Zeil 112 • S/U-Bahn:
Hauptwache • www.zeilgalerie.com

KINDERMODE

Die Wolke
▶ S. 112, C 7

Für kleine Fashion Victims gibt es
die – nicht gerade billigen – Junior-
Kollektionen von Kenzo, Diesel und
Nike. Kleine Auswahl an Stofftieren.
Nordend • Berger Str. 32 • U-Bahn:
Merianplatz

Gino Kids
▶ S. 112, C 7

Schickes für die Kids: Neben hüb-
schen Oilily-Klamotten findet man eine große Auswahl an Kinderschuhen.
Nordend • Berger Str. 79 • U-Bahn:
Höhenstraße

Jacadi
▶ 118, A 18

Edle Baby- und Kindermode auf
Frankfurts »Fifth Avenue«.

Innenstadt • Kleine Hochstr. 8 •
U-Bahn: Alte Oper

Matilda ▶ S. 116, B 14

Wunderschöner Laden mit Second-
hand-Mode für den Nachwuchs, außerdem Spiele und Bücher.
Sachsenhausen • Schifferstr. 33 a •
U-Bahn: Schweizer Platz • www.meine
matilda.de

Pfüller ▶ S. 118, B 18

Das Pfüller Kinderhaus bietet tren-
dige Kinder- und Jugendmode von
Bogner Kids, DKNY Kids oder Lacos-
te. Auch Kinderwagen und Möbel.
Innenstadt • Goethestr. 12 •
S-/U-Bahn: Hauptwache

MÄRKTE

Bornheimer Markt ▶ S. 113, D 6

Ein Markt mit Atmosphäre am Bornheimer Uhrtürmchen. Nach dem
Einkauf gönnen sich Besucher be-

sonders am Samstag gerne einen
Cappuccino an den Stehtischen des
Café Wacker (▶ S. 24) oder eine Kar-
toffelbratwurst vom Bauernstand.
Bornheim • Berger Straße • U-Bahn:
Bornheim Mitte • Mi 8–18, Sa 8–16 Uhr

Erzeugermarkt ▶ S. 119, E 18

Produkte regionaler Bauernhöfe auf
der Konstablerwache: An den Ständen gibt es Würstchen, Kartoffelpuf-
fer, Bratkartoffeln und Grüne Soße,
dazu wird Apfelwein oder frischer
Most getrunken. Vor allem samstags
ist die Atmosphäre hier unschlagbar.
Nordend • Konstablerwache •
S-/U-Bahn: Konstablerwache •
Do 10–20, Sa 8–17 Uhr

Frankfurter Flohmarkt
▶ S. 116, A 13

An jedem zweiten Samstagvormittag
ist das Museumsufer zwischen Eiser-
nem Steg und Friedensbrücke in der

Warum bei jedem neuen Wachstumsschub tief in den Geldbeutel greifen? Bei Matilda
(▶ S. 33) in Sachsenhausen gibt es preiswerte Secondhand-Kleidung für die Kleinsten.

Das Affentor (▶ S. 35) steht für bunte und hippe Umhänge-, Trage- und Laptoptaschen. Die limitierten Kollektionen werden von arbeitslosen Frauen hergestellt.

Hand der Schnäppchenjäger und Antiquitätensammler. Mit Blick auf Museen und Main schlendert man an den Ständen entlang, und an der Untermainbrücke kann man sich mit Würstchen und anderen kleinen Snacks stärken. Der Flohmarkt bietet eine hervorragende Auswahl: Antikes, Mode, Kunsthandwerk, Schallplatten oder CDs und vieles mehr werden von privaten oder professionellen Händlern angeboten.
Sachsenhausen • Schaumainkai • U-Bahn: Schweizer Platz • Sa 9–14 Uhr

MODE

58's buy Heidt ▶ S. 111, F 3

Angesagte Adresse für Modefans beiderlei Geschlechts: Helmut Lang, Paul Smith, Dries van Noten, Ann Demeulemeester und Martin Margiela. Westend • Kronberger Str. 19 • U-Bahn: Grüneburgweg • www.fiftyeights.de

Abaci ▶ S. 118, B 19

Designer Cem-Mustafa Abaci zeigt in seinem edlen Showroom kühne Business- und Freizeitmode. Bekannt ist er vor allem für seine Anzüge, die

er maßgeschneidert und entsprechend den Wünschen seiner Kundschaft in seinem Studio herstellt.
Innenstadt • Junghofstr. 14 • U-Bahn: Alte Oper • www.abaci.de

Affentor ▸ S. 119, D 19

Frankfurter Erfolgsstory: Die handgemachten Taschen aus recycelten Stoffen von Designerin Eve Merceron werden längst auch in japanischen Trendboutiquen gehandelt. Produziert werden die Stücke von Arbeitslosen, denen durch die kreative Arbeit ein Wiedereinstieg in die Berufswelt ermöglicht werden soll.
Innenstadt • Fahrgasse 23 • U-Bahn: Römer • www.affentor.de

Blumör ▸ S. 118, B 18

Ausgewählte Mode von Dolce & Gabana, Donna Karan oder Alexander McQueen in einem im Feng-Shui-Stil eingerichteten Laden.
Innenstadt • Kaiserhofstr. 10 • U-Bahn: Alte Oper • www.blumoer.com

Drauf und Dran ▸ S. 116, B 14

Eine Handvoll junger, kreativer Modedesigner aus Frankfurt sorgte in den letzten Jahren in der Modeszene für Wirbel. Bei Drauf und Dran kann man interessante Stücke von Labels wie Affentor, Charlotte am Main, Tastbar oder Frank Harling entdecken und günstig erwerben.
Sachsenhausen • Brückenstr. 54 • S-Bahn: Südbahnhof • www.drauf-und-dran.de

Expose.deluxe ▸ S. 118, C 18

Der Konzeptstore kann es mit den hippen Läden in New York, Tokio oder Paris getrost aufnehmen. Ausgefallene Schuhe, ein junger Friseur, Trendmode und Avantgardistisches von Drykorn, Replay oder Reimersdahl Berlin – und eine Sushi-Bar.
Innenstadt • Schillerstr. 27 • S-/U-Bahn: Hauptwache • www.exposedeluxe.com

Goya Goya ▸ S. 118, C 17

Die Frankfurter Designerin Elena Hock verkauft ihre femininen und verspielten Kollektionen nach ganz Europa, Asien und in die USA. Neben ihrem Laden in der Stiftstraße betreibt sie einen zweiten Shop unter dem Namen **Freud** in Sachsenhausen (Brückenstr. 42).
Innenstadt • Stiftstr. 32 • U-Bahn: Eschenheimer Tor • www.goyagoya.com

Ich war ein Dirndl ▸ S. 116, B 14

Ein skurriles Geschäft mit nettem Konzept. Aus alten Kleidungsstücken schneidert Jutta Haag neue Mode, jedes Stück ist ein Unikat.
Sachsenhausen • Brückenstr. 52 • S-Bahn: Südbahnhof • www.ichwareindirndl.de

Lieblingsstücke ▸ S. 116, B 14

Myriam Beltz verkauft in ihrem Laden ausschließlich das, was ihr selbst gefällt: hübsche Wohnaccessoires und skandinavische Designermode von Day oder Marlene Birger.
Sachsenhausen • Brückenstr. 50 • S-Bahn: Südbahnhof

Lilo ▸ S. 118, A 18

Die exklusive Boutique am Opernplatz ist eine Frankfurter Institution. Lilo hat ein bemerkenswertes Gespür für die neuesten Trends und angesagte internationale Designlabels wie MiuMiu, Prada oder Exté.
Innenstadt • Opernplatz 2 • U-Bahn: Alte Oper • www.lilo-opera.com

Möller & Schaar   ▶ S. 118, A 18

Das alteingesessene Familienunternehmen ist seit jeher eine der ersten Adressen für exklusive Mode. Ob klassische Krawatte, Seven-Jeans oder Gucci-Kleid – hier werden Sie fündig und bestens beraten.
Innenstadt • Goethestr. 26–28 • U-Bahn: Alte Oper • www.moeller-schaar.de

MÖBEL UND INTERIEUR

Design Classics   ▶ S. 119, E 19

Quietschbunt ist das meiste, was im Design Classics zum Verkauf steht. Beim Stöbern entdeckt man in dem klitzekleinen Designshop Roboterfiguren, Kunststoffsetzkästen, schrille Lampen oder expressive Vasen – und träumt sich sehnsüchtig in die Sechzigerjahre zurück.
Innenstadt • Fahrgasse 1 • U-Bahn: Konstablerwache • Mo geschl.

Form im Raum   ▶ S. 118, C 19

Moderne Möbel, Leuchten und Accessoires – darunter vieles von den großen deutschen Marken wie Cor, Interlübke oder Ingo Maurer.
Innenstadt • Berliner Str. 60 • S-/U-Bahn: Hauptwache • www.formimraum.com

Hans Frick   ▶ S. 118, B 19

Ob Knoll, B&B oder Driade – der Innenausstatter bietet moderne Klassiker und internationales Design.
Innenstadt • Goetheplatz 5 • S-/U-Bahn: Hauptwache • www.frick.de

Itaba   ▶ S. 118, C 18

Alles aus Nippon. Neben Geschirr und Sushi-Zubehör gibt es Flachtische, Sitzkissen und andere Accessoires japanischer Wohnkultur.
Innenstadt • Töngesgasse 42 • S-/U-Bahn: Hauptwache • www.itaba.de

Kontrast   ▶ S. 118, C 19

Geschmackvolles und modernes Interieurdesign, witzige Geschenke und Accessoires. In der Filiale im Ostend (Hanauer Landstr. 297) gibt es Möbel für die Kompletteinrichtung.
Innenstadt • Kornmarkt 7 • S-/U-Bahn: Hauptwache • www.kontrastmoebel.de

Westsektor   ▶ S. 116, B 14

Der Experte für Design der Moderne und Sechzigerjahre. Alles, was hier zum Verkauf steht, ist ein Original: der geschwungene Panton-Chair, die Sidechairs von Ray und Charles Eames, der klassisch-moderne Esstisch.
Sachsenhausen • Brückenstr. 54 • S-Bahn: Südbahnhof • www.westsektor.de

SCHUHE

Fink   ▶ S. 118, B 18

Exklusive Schuhmode von Marken wie Lario, Gucci oder Prada.
Innenstadt • Goethestr. 9 • U-Bahn: Alte Oper

Handgemachte Schuhe – Jörg Koch   ▶ S. 112, C 6

Hier wird noch zwiegenäht, holzgenagelt, eingestochen und gedoppelt: Jörg Koch hat sich auf maßgefertigte Schuhe spezialisiert und verspricht ausgezeichneten Tragekomfort. Termine auch nach Vereinbarung.
Nordend • Friedberger Landstr. 128 • Straßenbahn: Rohrbachstraße • Tel. 4 94 09 74 • http://handgemachteschuhe.com • Mo geschl.

Linda Schuhsalon
▶ S. 118, A 18/B 18

Sehr gute Adresse für exklusive und ausgefallene Schuhe.
Innenstadt • Goethestr. 26–28 • U-Bahn: Alte Oper

Taschen, Kleidung, Accessoires und insbesondere Schuhe renommierter Marken findet man in großer Auswahl bei der Firma Fink (▶ S. 36) in der Goethestraße.

SÜSSWAREN

Bitter & Zart   ▶ S. 119, D 19

Eine zauberhafte kleine Chocolaterie. Konfekt und heißer Kakao machen glücklich und bald auch süchtig.
Altstadt • Domstr. 4 • U-Bahn: Römer • www.bitterundzart.de

Dulce   ▶ S. 116, A 14

In ihrem liebevoll gestalteten Café bieten Barbara und Matthias Schneider hausgemachte Eis- und Schokospezialitäten von erlesener Qualität.
Sachsenhausen • Schweizer Str. 43 • U-Bahn: Schweizer Platz • www.dulce-chocolate.com

Michis Schokoatelier ▶ S. 112, C 7

Michael Kitz beherrscht das Schokohandwerk perfekt, und seine feinen Trüffelpralinen oder die Schokohasen finden viele Liebhaber.
Ostend • Sandweg 60 • U-Bahn: Merianplatz • www.michis-schokoatelier.de

WEIN

Apfelweinhandlung   ▶ S. 112, C 7

Kleiner charmanter Laden, der sich gänzlich auf das hessische Nationalgetränk Apfelwein spezialisiert hat. Verkauft werden hochwertige Weine, die aber nicht nur aus der Region stammen. Das perfekte Mitbringsel.
Nordend • Bornheimer Landstr. 18 • U-Bahn: Merianplatz • www.apfelweinhandlung.de

Buch und Wein   ▶ S. 113, D 7

Hier bekommt man zum guten Tropfen die passende Lektüre gleich mit: Koch- und Weinbücher sowie Romane und Krimis, in denen ausschweifend getrunken wird. Der Service ist freundlich und unkompliziert, der Schwerpunkt des Sortiments liegt bei spanischen Weinen.
Nordend • Berger Str. 122 • U-Bahn: Höhenstraße • www.buchundwein-ffm.de

Am Abend
Von der Bar in den Szeneclub zur Afterhour: Wer in Frankfurt feiern will, hat unzählige Möglichkeiten. Genauso vielfältig und gut ist das Angebot an Lesungen, Tanzdarbietungen, Konzerten und Schauspiel.

◄ Amorphe Formen, schickes Design: Der Cocoon Club (▶ S. 41) ist der jüngste Streich von Techno-Legende Sven Väth.

Während der Fünfzigerjahre war die Mainmetropole Jazzhauptstadt des Landes, in den Neunzigern erfanden Frankfurter DJs im legendären Flughafenclub **Dorian Gray** die deutsche Variante von Techno. Was das Nachtleben angeht, war Frankfurt immer Schrittmacher, nie Zaungast.

Auch gegenwärtig lässt sich eine Clubszene entdecken, die vielfältig, besonders und ausgesprochen innovativ ist. Frankfurter DJs wie Shantel mit seiner Partyreihe »Bucovina Club« oder Techno-Legende Sven Väth, der im Stadtteil Fechenheim seinen **Cocoon Club** (▶ S. 41) betreibt, genießen internationales Ansehen. Und im Osten der Stadt, auf der Hanauer Landstraße, wird noch immer jedes Wochenende exzessiv gefeiert und das Tanzbein geschwungen.

BARS

22nd Lounge ▶ S. 118, A 18

Zum atemberaubenden Ausblick aus dem 22. Stockwerk des Eurotheum-Hochhauses genießt man stets fabelhafte Drinks in edlem Ambiente. Innenstadt • Eurotheum-Hochhaus • Neue Mainzer Str. 66–68 • U-Bahn: Willy-Brandt-Platz • Mo–Sa 18–1 Uhr

Bar Oppenheimer ▶ S. 116, B 13

Die Stimmung ist entspannt, das Licht gedämpft, und die Cocktails sind eine Wucht. Jenseits aller Moden begeistert die zimmergroße Oppenheimer Bar mit einer Mischung aus Szenetreff und klassischer Bar. Sachsenhausen • Oppenheimer Str. 41 • U-Bahn: Schweizer Platz • So–Do 20–2, Fr, Sa 20–3 Uhr

MERIAN-Tipp 3

BLUMEN ▶ S. 112, C 6

Eine Mischung aus Mini-Restaurant (15 Sitzplätze) und Mini-Bar mit immer freundlichem Service. Simon Horn und sein Küchenteam gestalten jede Woche neue Menüs, eine Speisekarte gibt es nicht. Wer danach fragt, kriegt jeden Cocktail, den er wünscht. Nordend • Rotlintstr. 60 • Straßenbahn: Nibelungenplatz • Tel. 49 08 65 10 • Mi–Sa ab 19 Uhr

Jimmy's Bar ▶ S. 111, E 4

Der Klassiker schlechthin. Maximale Promidichte während der Buchmesse. Keine Scheu an der Tür: Wer rein will, muss erst klingeln, wird aber herzlich empfangen. Messeviertel • Hotel Hessischer Hof • Friedrich-Ebert-Anlage 40 • U-Bahn: Festhalle/Messe • tgl. 20–4 Uhr

Kameha Suite ▶ S. 111, F 4

In der beeindruckend großzügigen Stadtvilla ist jeden Abend After-Work-Clubbing angesagt. Bei Cocktails, Champagner und Zigarren oder im Gourmetrestaurant, das Kai Böddinghaus seit Kurzem führt, vergnügt sich nach Dienstschluss ein betuchtes Publikum. Edle Garderobe. Innenstadt • Taunusanlage 20 • U-Bahn: Alte Oper • Tel. 71 03 52 77 • www.kamehasuite.com • Di–Sa 18–2 Uhr

Long Island City Lounge
 ▶ S. 118, B 18

Das Flair und Lebensgefühl der Hamptons will die Bar mit Restaurant (tolle Fischgerichte) ausstrahlen – diesen Luxus leisten sich vor allem

Banker und Geschäftsreisende. In den Sommermonaten wird zusätzlich eine Open-Air-Bar auf dem nahe gelegenen Parkhaus Börse betrieben. Innenstadt • Kaiserhofstr. 12 • U-Bahn: Alte Oper • Mo–Mi 11–1, Do, Fr 11–2, Sa 18–2 Uhr

Maingold ▶ S. 119, F 18

Hier fühlt man sich in die Fünfzigerjahre zurückversetzt: An Nierentischen und vor Uralt-Tapeten kann man erstklassige Rotweine oder Äppler trinken. Und man bekommt auch spätabends noch günstige Tapas. Innenstadt • Zeil 1 • S-/U-Bahn: Konstablerwache • Tel. 28 33 27 • Mo–Do 12–1, Fr, Sa 12–2, So 10–21 Uhr

Main Tower ▶ S. 118, A 19

Schicke Restaurantbar in der 53. Etage der Hessischen Landesbank. Die Aussicht ist phänomenal, vor allem von der Panoramaplattform.

Innenstadt • Neue Mainzer Str. 52 • U-Bahn: Willy-Brandt-Platz • Di–Fr 11.30–14.30, 18–1, Sa, So 13–17, 18–1 Uhr

Moloko + ▶ S. 119, E 19

Große Fensterfronten und furnierte Tischplatten lassen die Sechzigerjahre aufleben, dazu kann man stilecht in Uraltausgaben der »Brigitte« blättern. Die netten Bedienungen servieren nicht nur Cocktails, sondern auch kreative Gerichte von der Tageskarte. Innenstadt • Kurt-Schumacher-Str. 1 • S-/U-Bahn: Konstablerwache • Mo–Do 10–1, Fr, Sa 10–2 Uhr

Mosaiic Bar ▶ S. 119, D 18

Leckere Cocktails, Beduinenzelt und Wasserpfeifen in der Orientbar. Innenstadt • Töngesgasse 7 • S-/U-Bahn: Konstablerwache • Mo–Sa ab 19.30 (Sommer), tgl. ab 18.30 Uhr (Winter)

Der King Kamehameha Club (▶ S. 41) im Osten Frankfurts ist eine feste Größe der Nightlife-Szene. Hier wird ausgelassen gefeiert – zu Jazz, House und Soul.

Palastbar   ▸ S. 119, F 18

Stilvolle Bar in den Kellergewölben des bekannten Varieteetheaters **Tigerpalast** (▸ S. 47). Lokalprominenz und Szenegänger genießen hervorragende Drinks aus der taschenbuchstarken Getränkekarte.
Innenstadt • Heiligkreuzgasse 16–20 • S-/U-Bahn: Konstablerwache • Di–So 17–1 Uhr

CLUBS

APT   ▸ S. 113, F 8

APT steht für Apartment. Der Club auf dem Union-Gelände ist wie eine Wohnung eingerichtet. Eine Bar ist wie ein Badezimmer gekachelt, über dem DJ-Pult hängt eine Dunstabzugshaube. Meistens läuft House, und weil zwei Inhaber einer Modelagentur Miteigentümer des APT sind, mangelt es hier nie an Schönheiten.
Ostend • Hanauer Landstr. 190 • Straßenbahn: Schwedlerstraße • www.apt-apartment.de • Mi, Fr, Sa ab 23 Uhr

Cocoon Club   ▸ S. 113, östl. F 7

Der spektakuläre Club des Frankfurter DJ Sven Väth ist schnell zur Institution gereift. Vor allem internationale Techno-Acts, aber auch House- und Electro-DJs lassen die Nachtgänger am Wochenende ausrasten.
Ostend • Carl-Benz-Str. 21 • Straßenbahn: Dieselstraße • Fr, Sa 22–6 Uhr

King Kamehameha   ▸ S. 113, F 8

Treffpunkt der Schönen und Erfolgreichen der Stadt. House, Soul und Jazz stehen auf dem Programm, und jeden Donnerstag tritt die Hausband auf und spielt einen mitreißenden Mix aus Pop, Soul und Jazz.
Ostend • Hanauer Landstr. 192 • Straßenbahn: Schwedlerstraße • Do 21–3, Fr, Sa 22–4 Uhr

WUSSTEN SIE, DASS...

... ein Frankfurter DJ den Begriff »Techno« erfunden hat? Andreas »Talla« Tomalla schrieb den Genrebegriff Anfang der Achtziger auf ein Regal im Plattenladen City Records.

Living XXL   ▸ S. 118, A 20

Nobler Club im Eurotower der Europäischen Zentralbank mit Schlager, Salsa und After-Work-Partys.
Innenstadt • Kaiserstr. 29 • U-Bahn: Willy-Brandt-Platz • Mi ab 18, Do–Sa ab 19 Uhr

Mantis Roofgarden   ▸ S. 118, C 18

Auf der Dachterrasse wird freitags und samstags zu House und Dance Classics getanzt, geflirtet und getrunken, als gäbe es kein Morgen mehr. Im Erdgeschoss gibt's ein kleines Bistro, das auch tagsüber geöffnet ist.
Innenstadt • An der Hauptwache • S-/U-Bahn: Hauptwache • Do 18–1, Fr, Sa 20–4 Uhr

Nu Soul   ▸ S. 112, C 8

Die Einrichtung ist beeindruckend: 3000 Glühbirnen sorgen für spektakuläre Lichtspiele. Donnerstags spielen Soulbands live, und DJs legen ihre All-Time-Favourites auf.
Ostend • Sonnemannstr. 6 • U-Bahn: Ostbahnhof • Do ab 21, Sa ab 22 Uhr

Odeon   ▸ S. 119, E 17

In der weißen Villa wird zu Black Music und Dance Classics getanzt. Es gibt Studentenpartys (immer donnerstags), beim »27up Club« bleiben die Youngster außen vor.
Innenstadt • Seilerstr. 34 • S-/U-Bahn: Konstablerwache • Mo, Do–Sa ab 22 Uhr

MERIAN-Tipp 4

LITERATURHAUS ⚲⚲
▶ S. 119, F 19

Frischer Wind im Literaturhaus: Der neue Leiter Hauke Hückstädt lädt junge Autoren ins Haus, initiiert spannende Diskussionen und will auch das Programm für Kinder und Jugendliche ausbauen. Lesungen der Stars des Literaturbetriebs wie Jonathan Franzen oder Herta Müller wird es natürlich weiterhin geben. Das Haus, eine Rekonstruktion der Alten Stadtbibliothek, stammt von dem Frankfurter Architekten Christoph Mäckler. Innenstadt • Schöne Aussicht 3 • S-/U-Bahn: Konstablerwache • Tel. 7 56 18 40 • www.literatur haus-frankfurt.de

Silbergold
▶ S. 119, F 18

Der Club ist einer der wichtigsten Treffpunkte der Frankfurter Subkultur und oft rappelvoll. Gefeiert wird ohne Etikette und sehr euphorisch. Innenstadt • Heiligkreuzgasse 22 • S-/U-Bahn: Konstablerwache • Do–Sa ab 23 Uhr

KINOS

Trotz der großen Dichte an Multiplexkinos in den äußeren Stadtteilen hat sich eine vitale Kinolandschaft in der City halten können. Das komplette Programm findet man in der Gratis-Broschüre »Kino Journal«, die in den diversen Kinos ausliegt.

Berger Kino ⚲⚲
▶ S. 113, D 6

Ambitioniertes Programmkino. Neben Kunst- und Kultfilmen laufen erfolgreiche Streifen aus aller Welt. Bornheim • Berger Str. 177 • U-Bahn: Bornheim Mitte • Tel. 9 45 03 30

Harmonie
▶ S. 116, C 14

Im schönen Lichtspielhaus mit zwei Sälen wird ein anspruchsvolles internationales Programm gezeigt. Sachsenhausen • Dreieichstr. 54 • S-Bahn: Lokalbahnhof • Tel. 66 37 18 36 • www.harmonie-kinos.de

Mal Seh'n Kino
▶ S. 112, B 6

Das Off-Kino wurde für sein hervorragendes Programm bereits mehrfach ausgezeichnet: Filme mit Anspruch aus aller Welt. Vor oder nach dem Film gibt es Kaffee, Wein oder kleine Snacks im Café **Filmriss**. Nordend • Adlerflychtstr. 6 • U-Bahn: Musterschule • Tel. 5 97 08 45 • www.malsehnkino.de

Orfeo's Erben
▶ S. 111, D 3

Das Beste von Greenaway oder junges Kino aus Japan? Im schicken Orfeo's werden Sie fündig und sitzen in Erste-Klasse-Flugzeugsesseln mit Fußhocker. Außerdem gibt es eine tolle Restaurant-Bar mit kreativer Küche. Bockenheim • Hamburger Allee 45 • Straßenbahn: Varrentrappstraße • Tel. 70 76 91 00 • www.orfeos.de

KONZERTE UND VERANSTALTUNGSORTE

Alte Oper
▶ S. 118, A 18

In dem spätklassizistischen Prachtbau findet ein Kulturprogramm, das nach allen Richtungen offen ist, seinen Platz: klassische Konzerte, Liederabende, Bälle und Musicals, Shows von Stars wie Brian Ferry oder dem Buena Vista Social Club. Innenstadt • Opernplatz 1 • U-Bahn: Alte Oper • Tel. 1 34 04 00 • www.alteoper.de

Im Erdgeschoss des Eurotowers, dem derzeitigen Sitz der Europäischen Zentralbank, amüsieren sich unter einer riesigen Glaskuppel die Gäste des Living XXL (▸ S. 41).

Batschkapp ▸ S. 114, nördl. A 9

Im aus der Spontibewegung hervorgegangenen Kulturzentrum finden Konzerte von Rockbands und Stars der Alternative-Szene statt.
Eschersheim • Maybachstr. 24 • U-Bahn: Weißer Stein • Tel. 9 44 36 60 • www.batschkapp.de

Festhalle ▸ S. 111, D 4

Frankfurts größtes Konzerthaus präsentiert auf dem Messegelände internationale und deutsche Superstars.
Messeviertel • U-Bahn: Festhalle/Messe

Jazzkeller ▸ S. 118, A 18

In den Fünfzigerjahren war Frankfurt die Jazz-Hauptstadt der jungen Bundesrepublik. Im Jazzkeller wird diese Tradition hochgehalten. Das Programm ist hochkarätig und wird mit viel Sachverstand und noch mehr Liebe zur Musik ausgewählt.
Innenstadt • Kleine Bockenheimer Str. 18 a • S-/U-Bahn: Hauptwache • Tel. 28 85 37 • www.jazzkeller.com

Sinkkasten ▸ S. 119, D 18

Frischer Wind im Traditionsklub mit der Patina der Sechzigerjahre. Das

MERIAN-Tipp **5**

**WOCHENMARKT AM FRIED-
BERGER PLATZ**   ▸ S. 112, C 6

Ein Wochenmarkt als Ausgehtipp?
Genau, denn der kleine Markt mit
Feinschmeckerständen und Wein-
ausschank hat sich in den vergangenen Jahren zu einem inoffiziellen
Stadtteilfest entwickelt. Ab 18 Uhr
strömen dann Studenten, Banker
und Familien mit ihren Kindern auf
den Platz mit grüner Wiese, um mit
Riesling und Parmesan das Wochenende einzuleiten. Es herrscht
eine einzigartige Atmosphäre.
Nordend • Friedberger Platz •
Straßenbahn: Friedberger Platz •
Fr 10–20 Uhr

Konzertprogramm ist experimenteller und jünger geworden (viel Indie-
rock und Elektropop), einige Partys
werden gemeinsam mit Künstlern der
renommierten Kunstakademie Städelschule gefeiert. Klassiker wie die Acht-
zigerjahreparty gibt's aber weiterhin.
Innenstadt • Brönnerstr. 5–9 •
S-/U-Bahn: Konstablerwache • Tel.
28 03 85 • www.sinkkastenartsclub.de

THEATER, OPER, BALLETT

Frankfurt ist bekannt für seine viel-
fältige und außergewöhnliche The-
aterlandschaft. An den städtischen
Bühnen haben zwei starke Charakte-
re das Zepter in der Hand: Oliver
Reese, seit 2009 in Frankfurt, hat das
Schauspiel mit einem fantastischen
Ensemble ausgestattet, Bernd Loebe
sorgt dafür, dass die Oper ihren hohen Standard hält. Das wichtigste
Zentrum für Performancekunst und
die freie Szene in der Region ist das

Künstlerhaus Mousonturm (▸ S. 45)
im Ostend. Hier kann man hochka-
rätigen zeitgenössischen Tanz, spannende Theaterexperimente und tolle
Konzerte erleben.

Die Katakombe   ▸ S. 112, C 7

Die Hausregisseure Carola Moritz
und Marcel Schilb inszenieren Theater, das an Gesellschaftskritik und
Aktualität nicht spart.
Ostend • Pfingstweidstr. 2 •
U-Bahn: Zoo • Tel. 49 17 25 •
www.katakombe.de

Die Komödie   ▸ S. 118, B 20

Boulevardtheater und Unterhalten-
des auf einem schauspielerisch anspruchsvollen Niveau.
Innenstadt • Neue Mainzer Str. 14–
18 • U-Bahn: Willy-Brandt-Platz • Tel.
28 45 80 • www.diekomoedie.de

Die Schmiere   ▸ S. 118, B 20

Satirisches Theater steht seit dem Jahr
1950 im Keller des Karmeliterklos-
ters auf dem Programm.
Innenstadt • Seckbächer Gasse 4 •
U-Bahn: Willy-Brandt-Platz • Tel.
28 10 66 • www.die-schmiere.de

Dramatische Bühne   ▸ S. 110, C 2

»Drei Musketiere«, »Faust«, »Hamlet« – die Dramatische Bühne insze-
niert die Klassiker des Theaters ausgesprochen rasant und komisch. In
Frankfurt haben die freien Theater-
macher seit Jahren eine treue Fange-
meinde, die zu den Aufführungen ins
alternative Kulturzentrum **Exzess-
Halle** pilgert. Im Sommer zieht das
Ensemble mit einer Open-Air-Büh-
ne in den Grüneburgpark.
Bockenheim • Leipziger Str. 91 •
U-Bahn: Leipziger Straße • www.
diedramatischebuehne.de

Fritz Rémond Theater ▸ S. 113, D 7

Claus Helmer, Direktor der »Komödie«, leitet auch das Boulevardtheater im Zoo-Gesellschaftshaus. Fernsehlegenden wie Inge Meysel oder Hans-Joachim Kulenkampff standen schon auf der Bühne des Hauses, das Theatermann Fritz Rémond in den Fünfzigern gründete.
Ostend • Alfred-Brehm-Platz 16 •
U-Bahn: Zoo • Tel. 43 51 66 •
www.fritzremond.de

Gallus Theater ▸ S. 114, C 10

In den ehemaligen Werkshallen der Adlerwerke wird ein Programm zwischen Schauspiel, Tanz, Kabarett und Kindertheater aufgeführt. Dabei bietet das Gallus Theater spannenden Gruppen aus der freien regionalen Theaterszene ein Forum.
Gallus • Kleyerstr. 15 • S-Bahn:
Galluswarte • Tel. 75 80 60 20 •
www.gallustheater.de

Internationales Theater Frankfurt ▸ S. 112, C 8

Insgesamt sechs Bühnen wie das »Théâtre Français«, das »Teatro Hispano« oder das »Russkij Teatr« teilen sich das Spielhaus und zeigen Stücke in der jeweiligen Muttersprache.
Ostend • Hanauer Landstr. 5–7 •
S-Bahn: Ostendstraße • Tel. 68 60 82 35 • www.internationales-theater.de

Künstlerhaus Mousonturm ▸ S. 112, C 7

Bemerkenswerte Inszenierungen von jungen, experimentierfreudigen Theater- und Tanzgruppen laufen im Turm der ehemaligen Seifenfabrik Mouson. Hier gastieren internationale Bühnenstars wie Jan Fabre oder Forced Entertainment, und auf den Festivals wie »Plateaux« präsentiert sich der kreative Nachwuchs. Großartig ist auch das Party- und Kon-

Das Künstlerhaus Mousonturm (▸ S. 45) in einem expressionistischen Klinkerbau beherbergt ein Kulturzentrum mit Bistro, zwei Theater und das Hessische Literaturbüro.

Inszenierung von René Pollesch im Schauspielhaus Box. Ob Klassiker oder Avantgarde – das Programm des Schauspiel Frankfurt (▶ MERIAN-Tipp, S. 47) hat Substanz.

zertprogramm. Kunst, Grafik und Fotografie zeigt einmal im Monat die **Galerie Station**. Angeschlossen ist auch ein zertifiziertes Biorestaurant.
Ostend • Waldschmidtstr. 4 • U-Bahn: Merianplatz • Tel. 40 58 95 20 • www.mousonturm.de

Oper Frankfurt   ▶ S. 118, A 20

Unter Intendant Bernd Loebe spielt die Frankfurter Oper seit Jahren in der ersten Liga und wurde vielfach, u. a. als »Opernhaus des Jahres«, ausgezeichnet. Spannende Inszenierungen und zeitgenössische Opern stehen neben Klassikern von Verdi oder Mozart auf dem Programm.
Innenstadt • Untermainanlage 11 • U-Bahn: Willy-Brandt-Platz • Tel. 1 34 04 00 • www.oper-frankfurt.de

The English Theatre   ▶ S. 118, A 20

Theater in englischer Sprache und seit 25 Jahren in Frankfurt. Gezeigt werden Eigenproduktionen und britische Gastspiele von Comedy über Krimi bis Musical.
Bahnhofsviertel • Gallusanlage 7 • U-Bahn: Willy-Brandt-Platz • Tel. 24 23 16 20 • www.english-theatre.org

The Forsythe Company   ▶ S. 111, D 3

Als Leiter des städtischen Balletts revolutionierte William Forsythe seit 1984 das Genre und machte Frankfurt als Ballettstandort weltberühmt. Seine Inszenierungen überschreiten die Grenzen des Tanzes spielend und virtuos. Nach dem stark kritisierten Beschluss der Stadt Frankfurt, die Sparte Ballett an den städtischen Bühnen zu schließen, hat sich Forsythe mit einer eigenen Kompanie selbstständig gemacht. Mit seinen außerordentlichen Aufführungen ist er jetzt mehrmals im Jahr im Bockenheimer Depot zu Gast.

Bockenheim • Bockenheimer Warte •
U-Bahn: Bockenheimer Warte • Tel. 1 34
04 00 • www.theforsythecompany.de

Volkstheater Liesel Christ

▶ S. 118, B 19

Als weibliches Oberhaupt der »Familie Hesselbach« war Liesel Christ
in den Sechzigern ein Fernsehstar.
Zehn Jahre später hat sie das Volks-
theater gegründet, auf dessen Bühne
im Cantatesaal seitdem ohne Aus-
nahme Hessisch gebabbelt wird.
Innenstadt • Großer Hirschgraben 21 •
U-Bahn: Willy-Brandt-Platz • Tel.
28 85 98 • www.volkstheater-frank
furt.de

VARIETEE, KABARETT

Die Käs

▶ S. 113, D 7

Käs steht für »Kabarett-Änderungs-
schneiderei« – und ein hochwertiges
Comedyprogramm mit bekannten
Gästen und eigenen Inszenierungen
unter der Leitung von Şinasi Dikmen.
Ostend • Naxoshalle, Waldschmidtstr. 19 • U-Bahn: Merianplatz • Tel.
55 07 36 • www.die-kaes.com

Stalburg Theater

▶ S. 112, B 6

Die erfolgreiche Kleinkunstbühne ist
im Tanzsaal einer alten Apfelweinwirtschaft untergebracht. Die Eigenproduktionen – von Gründer Michi
Herl und anderen Frankfurter Autoren in Szene gesetzt – sind meist ur-
komisch und tiefsinnig zugleich.
Nordend • Glauburgstr. 80 • U-Bahn:
Glauburgstraße • Tel. 25 62 77 44 •
www.stalburg.de

Theatrallalla

▶ S. 112, C 5

Herrlich weiblich: Bäppi la Belle alias
Thomas Bäppler ist eine Größe in
der Travestieszene. Seine Paraderol-
le: Kanzlerin Angela Merkel.

Nordend • Friedberger Landstr. 296 •
Bus: Münzenberger Straße • Tel.
59 37 01 • www.tits-theater.de

Tigerpalast

▶ S. 119, F 18

Deutschlands berühmtestes Varietee
arbeitet stets mit weltbekannten
Künstlern und zieht immer wieder
die Lokalprominenz an. Unbedingt
zu empfehlen ist auch die **Palastbar**
in den Kellergewölben (▶ S. 41).
Innenstadt • Heiligkreuzgasse 16–
20 • S-/U-Bahn: Konstablerwache •
Tel. 9 20 02 20 • www.tigerpalast.
com

SCHAUSPIEL FRANKFURT

▶ S. 118, A 20

Oliver Reese, seit 2009 Intendant
am Schauspiel Frankfurt, hat dem
Haus ein ganz neues Profil gege-
ben. Ihm ist es gelungen, ein un-
glaublich gutes Ensemble zu ver-
pflichten. Und er schafft es, die
wichtigsten deutschen Regisseure
(z. B. Michael Thalheimer, Andreas
Kriegenburg, René Pollesch) nach
Frankfurt zu locken. Sein Programm
ist eine gelungene Mischung aus
Klassikern und Gegenwartsdra-
matik. Die Frankfurter danken es
ihm mit reihenweise ausverkauf-
ten Vorstellungen. Die Aufführungen finden im Schauspielhaus, in
den Kammerspielen oder in der
»Box«, wo es nur 60 Plätze gibt,
statt. Ab und zu spielt das Ensemble auch im Bockenheimer Depot.
Innenstadt • Willy-Brandt-Platz •
U-Bahn: Willy-Brandt-Platz • Tel.
1 34 04 00 • www.schauspiel
frankfurt.de

Feste und Events
Frankfurt feiert sich und die Kultur. Zum Museumsuferfest kommen drei Millionen Gäste, während der Buchmesse finden unzählige Lesungen statt, die Goethewoche ehrt den Dichter.

◄ Bunte Folklore auf der Parade der Kulturen (► S. 49): Thailänderinnen zeigen sich in ihren traditionellen Kostümen.

(► S. 49)

FEBRUAR
Rundgang der Städelschule

Die Studenten der bekannten Kunsthochschule präsentieren ihre Arbeiten, Galeristen und Sammler sind auf der Suche nach neuen Talenten. Dürerstr. 10 • U-Bahn: Schweizer Platz • www.staedelschule.de

APRIL
Luminale

Parallel zur Messe »Light + Building« findet alle zwei Jahre über die ganze Stadt verteilt das Lichtkunstspektakel »Luminale« statt. Diverse Künstler zeigen dann rund 150 Lichtinstallationen in Kirchen, auf Hochhäusern oder am Main. www.luminale.de

Nippon Connection

Das von Studenten der Filmwissenschaft organisierte Festival des japanischen Kinos hat sich als eine der wichtigsten Leistungsschauen des asiatischen Films etabliert. Jedes Jahr im April zieht es Gäste aus der ganzen Welt an. Mit mehr als 100 Filmen zeigt das Festival viele Deutschland- oder Europa-Premieren. Dazu gesellen sich Konzerte und Partys mit Musikern aus Japan, Ausstellungen, Kampfkunstvorführungen und Kulinarisches aus der Nudelbar. Universität Bockenheim • U-Bahn: Bockenheimer Warte • www.nippon connection.de

MAI
Lange Nacht der Museen

Die wichtigsten Frankfurter und Offenbacher Museen haben bis in die frühen Morgenstunden geöffnet. Zum Rahmenprogramm gehören Führungen, Installationen, Partys, Konzerte, DJ-Auftritte und Versteigerungen junger Kunst. Kostenlose Shuttlebusse fahren die ganze Nacht über von Museum zu Museum. www.nacht-der-museen.de

JUNI
Wäldchestag 👫

Mit reichlich Ebbelwoi, Jahrmarktbuden und Fährgeschäften wird der Frankfurter »Nationalfeiertag« begangen. Eine schöne Tradition: Noch immer schließen viele Geschäfte am Pfingstdienstag, damit die Mitarbeiter zum Feiern in den Stadtwald hinausziehen können. Straßenbahn: Stadtwald • Pfingsten

Parade der Kulturen

Frankfurt ist ein Melting Pot. Auf der »Parade der Kulturen« feiern und demonstrieren die unterschiedlichen Nationen der Stadt für Toleranz und ein friedliches Zusammenleben. www.parade-der-kulturen.de

Rosen- und Lichterfest

Klassische Konzerte, eine riesige Picknickwiese, ein Kerzenmeer und dazu ein Feuerwerk – im Palmengarten wird ein Wochenende lang ein Fest für die Sinne zelebriert. U-Bahn: Westend • www.palmen garten-frankfurt.de

Tag der Architektur

Am Tag der Architektur können in der hessischen Metropole ungefähr 50 Bauprojekte und Häuser besichtigt werden, die der Öffentlichkeit sonst (meist) verschlossen sind. Letztes Juniwochenende • www.tag-der-architektur.de

JP Morgan Chase Corporate Challenge Lauf

Laufen gegen Mobbing: Zehntausende Angestellte aus Frankfurter Büros und Behörden beteiligen sich an dem 5,6 km langen Firmenlauf.
www.jpmccc.de

JUNI–JULI
Höchster Schlossfest

Schönes Volksfest mit historischem Markt, Orgelkonzerten und Kabarett im westlichen Stadtteil Hoechst.
Höchster Schlossplatz • S-Bahn: Höchst

JUNI–SEPTEMBER
Jazz im Palmengarten

Open-Air-Konzerte im Palmengarten. Veranstaltet wird die Reihe von der Frankfurter Jazzinitiative.
U-Bahn: Westend

JULI
Opel Ironman Germany

Erst 3 km Schwimmen im Baggersee, dann 100 km auf dem Rad durch den Main-Kinzig-Kreis und die Wetterau, schließlich ein Marathon in der City: Bei diesem Triathlon kann man sich für den legendären »Ironman« auf Hawaii qualifizieren.
www.opel-ironman.de

JULI–AUGUST
Freilichtfestival der Dramatischen Bühne

Die freie Theatergruppe hat sich mit schrillen Inszenierungen von Klassikern wie »Faust« oder »Hamlet« in Frankfurt längst einen Namen gemacht. Ab Juli zieht sie aus der alternativen Exzess-Halle in den Grüneburgpark und spielt »open air«.
U-Bahn: Westend • www.die dramatischebuehne.de

Summer In The City

Das Künstler- und Theaterhaus Mousonturm (▸ S. 45) organisiert diese erstklassige Reihe. Dabei gibt es etwa Weltmusik im Palmengarten, Jazz im Hof des Historischen Museums und Partys in der Honsellbrücke.
www.mousonturm.de

AUGUST
Berger Straßen Fest

Straßenfest zwischen Tradition und Salsaparty. Die Läden auf der unteren Berger Straße beteiligen sich mit Ständen, es gibt mehrere Livebühnen.
U-Bahn: Merianplatz

Brunnenfest

Früher trafen sich die Sachsenhäuser zum Brunnenfest, um gemeinsam die Trinkwasserbrunnen zu reinigen und anschließend zu feiern. Gefeiert wird am Affentorplatz heute noch.
Bus: Affentorplatz • www.kerbegesell schaft.de

Goethe FFM Festwoche

Ausstellungen, Theater, Diskussionen und Lesungen beschäftigen sich mit dem berühmtesten Sohn der Stadt. Das Kulturfestival steigt rund um den 28. August (Goethes Geburtstag).

Museumsuferfest

Das größte Kulturfest in Frankfurt findet traditionell am letzten Augustwochenende statt. Etwa 3 Mio. Besucher feiern und schlemmen am Main und in den Kunsthäusern am Museumsufer mit Open-Air-Ausstellungen, Konzerten, Tanzvorführungen und Kabarett. Den Höhepunkt bildet ein beeindruckendes Feuerwerk.
U-Bahn: Römer, Schweizer Platz • Tel. 21 23 88 00 • www.museumsufer fest-frankfurt.de

SEPTEMBER

Berger Markt

Traditionelles Fest mit Viehauftrieb im Stadtteil Bergen-Enkheim.
U-Bahn: Enkheim • www.kulturgesellschaft-bergen-enkheim.de

Saisonstart

Die Frankfurter Galerien begehen den Auftakt der Herbstsaison mit einem gemeinsamen Event.
www.frankfurt-galerien.de

OKTOBER

Buchmesse

Viel mehr als nur die Leistungsschau der Verlage: Lesungen, Partys und Kulturveranstaltungen in der ganzen Stadt stehen auf dem Programm.
www.buchmesse.de

Frankfurt Marathon

Der älteste Stadtmarathon Deutschlands mit großem Straßenfest.
www.frankfurt-marathon.de

Nacht der Clubs

Einmal Eintritt zahlen und in mehr als 20 Clubs die ganze Nacht abfeiern. Kostenlose Shuttlebusse bringen die Amüsierwütigen zu den Veranstaltungsorten durch die Stadt.
www.nacht-der-clubs.de

DEZEMBER

Weihnachtsmarkt 👫

Atmosphärischer Weihnachtsmarkt auf dem Römerberg. Über 200 Stände und ein herrliches Kettenkarussell. Jährlich über 3 Mio. Besucher.
U-Bahn: Römer

Lebkuchen, Christbaumschmuck und Glühwein: Vor der historischen Kulisse des Römers präsentiert sich in der Adventszeit der Weihnachtsmarkt (▶ S. 51).

Familientipps

Frankfurt mit Familie macht Spaß. Die Museen haben einiges für die Kleinen zu bieten, jede Menge familienfreundliche Cafés stehen zur Auswahl. Und der nächste Park liegt gleich um die Ecke.

◄ Im Struwwelpeter-Museum (► S. 54) wird die Welt dieses Klassikers der Kinderliteratur von 1845 wieder lebendig.

AUSFLÜGE

Das Tollhaus ► S. 112, nördl. C 5

Wenn das Wetter einmal nicht mitspielen sollte, könnte ein Besuch des großen Indoor-Freizeitparks im nahe gelegenen Bad Vilbel eine gute Alternative sein. Mit Fußballplatz, Rutschen und Kletterwiese.
Bad Vilbel-Dortelweil, Theodor-Heuss-Str. 48 • www.dastollhaus.de • Mo–Fr 14–19, Sa, So 11–19, in den hessischen Schulferien tgl. 11–19 Uhr • Eintritt 3 €

Erlebnispark Steinau

► S. 99, östl. c 1

Alles, was kleinen Draufgängern Spaß macht: Sommerrodelbahn, Wellenflugkarussell, Wasserbob, 40 m lange Rutschen und kleiner Streichelzoo.
Steinau an der Straße • www.erlebnispark-steinau.de • Ende März–Anfang Okt. tgl. 9–18 Uhr • Eintritt 11 €, Kinder 10 €, unter 1 m frei

Opel Zoo ► S. 110, nordwestl. A 1

Sehr schöner Tierpark im Taunus unterhalb des Hardtbergs. Mit Streichelzoo und Abenteuerspielplatz.
Kronberg im Taunus, Königsteiner Str. 35 • www.opel-zoo.de • Sommer tgl. 9–18, Winter tgl. 9–17 Uhr • Eintritt 10,50 €, Kinder 6,50 €

CAFÉS UND RESTAURANTS

Familienbetrieb ► S. 112, C 6

Familienfreundlicher geht es nicht. Schöner, heller Gastraum, Sommerterrasse und ein extra Spielzimmer für Kinder. Vor dem Café befindet sich ein Unterstand für Kinderwägen und Kinderfahrräder. Außerdem wird in einem Nebenraum Kindermode von Frankfurter Designerinnen feilgeboten. Wer am Wochenende zum Frühstück kommen will, reserviert besser schon im Voraus.
Nordend • Egenolffstr. 17 • Straßenbahn: Rothschildallee • Tel. 94 34 09 65 • www.familien-betrieb.de • Di–So 9–18 Uhr

Table ► S. 119, D 19

Jeden Sonntag Langschläfer-Frühstück mit Kinderbetreuung, Basteln und Spielen im Café der Schirn Kunsthalle (► S. 78). Reservieren!
Altstadt • Schirn Kunsthalle • Römerberg 6 a • U-Bahn: Römer • Tel. 21 99 99 52 • www.table-schirn.de • So, Di 10–20, Mi–Sa 10–23 Uhr

Zebulon ► S. 110, C 2

Einzigartiges Spielcafé für Kinder und Eltern. Kunterbunt und mit eigener Rutsche. Während die Kleinen sich im Spielzimmer amüsieren, gibt es leckere Kuchen für die Großen.
Bockenheim • Grempstr. 23 • U-Bahn: Kirchplatz • Tel. 77 35 54 • Mo–Sa 15–18, So 9–18 Uhr

KINDERTHEATER

Freies Theaterhaus ► S. 119, F 19

Hier wird ein originelles Programm für Jugendliche und Kinder geboten – von Figurentheater über Märchen und Komödien bis zu anspruchsvollen Stücken zum Nachdenken.
Innenstadt • Schützenstr. 12 • S-/U-Bahn: Konstablerwache • www.theaterhaus-frankfurt.de

Gallus Theater ► S. 114, C 10

Nachmittags steht im Gallus Kindertheater auf dem Spielplan.
Gallus • Kleyerstr. 15 • S-Bahn: Galluswarte • www.gallustheater.de

MUSEEN

Explora Museum ▶ S. 112, B 6

Eintauchen in die Welt der dritten Dimension und der optischen Täuschungen. Das Museum des Fotodesigners Gerhard Stief befindet sich im alten Glauburgbunker.
Nordend • Glauburgplatz 1 • U-Bahn: Glauburgstraße • Tel. 78 88 88 • www.explora.info • tgl. 11–18 Uhr • Eintritt 4 €, Kinder 10 €

Frankfurter Feldbahnmuseum
▶ S. 110, westl. A 4

Im Mittelpunkt stehen historische Dampflokomotiven und Schmalspurbahnen. An manchen Sonntagen kann man Mitfahren (Termine ▶ Website).
Gallus • Am Römerhof 15 a • geöffnet am 1. Fr (17–19) und So (14–17 Uhr) im Monat • www.feldbahn-ffm.de

Kindermuseum des Historischen Museums ▶ S. 118, C 18

Stadtgeschichte speziell für Kinder mit eigenen Werkstätten.
Innenstadt • An der Hauptwache 15 (Zwischenebene) • S-/U-Bahn: Hauptwache • www.kindermuseum. frankfurt.de • Di–So 10–18 Uhr • Eintritt 4 €, Kinder 2 €

Museum für Angewandte Kunst
▶ S. 116, A 13

Sonntag ist Familientag. Am ersten und dritten Sonntag des Monats finden um 15.30 Uhr spezielle Kinderführungen statt. Jeden Sonntag von 11–13 und 14–16 Uhr werden im »Robolab Freestyle« aus Legosteinen funktionstüchtige Roboter gebaut.
Sachsenhausen • Schaumainkai 17 • U-Bahn: Schweizer Platz • www. museumfuerangewandtekunst. frankfurt.de • Di, Do–So 10–17, Mi 10–21 Uhr

Naturmuseum Senckenberg
▶ Museen und Galerien, S. 77

Struwwelpeter-Museum
▶ S. 111, E 3

Hier erfährt man alles über den 1845 erschienenen Klassiker der Kinderliteratur und seinen Erfinder Heinrich Hoffmann. Gelegentlich wird auch ein Puppentheater aufgeboten.
Westend • Schubertstr. 20 • U-Bahn: Westend • www.struwwelpeter-museum.de • Di–So 10–17 Uhr • Eintritt 3 €, Kinder frei

PARK

Günthersburgpark ▶ S. 113, D 5/6

Der Frankfurter Familienpark nordöstlich der City. Mit zwei riesigen Spielflächen und einem Wasserspielplatz, dazu gibt's ein nettes Kioskcafé.
Bornheim • Straßenbahn: Günthersburgpark

ZOO

Zoologischer Garten ▶ S. 113, D 7

Rund 4500 Tiere (600 Arten) sind hier zu Hause. Recht niedlich geht es im Tierkinderhaus zu. Kleiner Streichelzoo und schöner Spielplatz.
Ostend • Alfred-Brehm-Platz • U-Bahn: Zoo • www.zoo-frankfurt.de • April– Okt. tgl. 9–19, Nov.–März tgl. 9– 17 Uhr • Eintritt 8 €, Kinder 4 €, Familien 20 €

WUSSTEN SIE, DASS...

... Obama im Frankfurter Zoo lebt? Am 4. November 2008 erblickte das Alpaka-Baby mit präsidialem Namen das Licht der Welt.

👫 Weitere Familientipps sind durch dieses Symbol gekennzeichnet.

Besonders imposant präsentiert sich
Frankfurts Skyline bei Nacht. Auch die
filigrane Fußgängerbrücke des Holbeinstegs (▶ S. 82) ist ein optisches Highlight.

Unterwegs
in Frankfurt

Moderne Wolkenkratzer und alter Glanz gehen eine
einzigartige Symbiose ein. Und auf Schritt und Tritt die
große Geschichte: Goethe, Kaiserdom oder Paulskirche.

Sehenswertes
An der Börse schlagen die Kurse aus, am Römerberg geht es gemütlich zu, und am Mainufer wachsen Zitronen: Frankfurt ist um einiges vielfältiger, als man auf den ersten Blick denkt.

◄ Am Mainufer (► S. 82) entspannt ganz Frankfurt, die imposante Hochhaus-Skyline immer im Blick.

Frankfurt hat mehr Sehenswertes zu bieten, als die meisten Besucher vermuten. Neben Römerberg, Goethe-Haus und Börse kann man herrliche Parks, ausgefallene Architekturprojekte wie den Hundertwasser-Kindergarten (► MERIAN-Tipp, S. 62) und einige sehr schöne Kirchen entdecken. Am meisten Spaß macht es, die Stadt zu Fuß zu durchqueren. Die Entfernungen zwischen den einzelnen Sehenswürdigkeiten sind leicht zu bewältigen. Wer eine kurze Verschnaufpause braucht, steigt in die U-Bahn oder lässt sich (im Bereich der Innenstadt) mit dem Velotaxi weiterbringen. Die Fahrer der Fahrradtaxis sind übrigens speziell als Touristenguides geschult und haben meist ein paar besondere Tipps parat.

SEHENSWERTES

Alte Brücke   ► S. 119, E 20

Erstmals erwähnt wurde die Brücke 1222, in der heutigen Gestalt ist sie im Wesentlichen erst 1926 entstanden. Bis zum Bau des Eisernen Stegs (► S. 61) war sie der einzige Übergang über den Main und Teil einer zentralen Nord-Süd-Handelsroute. Auf der Insel an der Alten Brücke hat der Frankfurter Architekt Christoph Mäckler für die Ausstellungshalle **Portikus** (► MERIAN-Tipp, S. 78) einen spektakulären Bau geschaffen.
Innenstadt • Bus: Schöne Aussicht

Alte Nikolaikirche   ► S. 118, C 19

Im 15. Jh. war die Kirche Zentrum der städtischen Almosenpflege und wurde vom Rat der Stadt genutzt. In dieser Zeit erhielt sie auch ihre goti-

WUSSTEN SIE, DASS ...

... Frankfurt beinahe Hauptstadt von Deutschland geworden wäre? Nur knapp unterlag man Bonn. Der Plenarsaal war schon gebaut, heute sitzt hier der Hessische Rundfunk.

sche Dachgalerie, von der die Stadtoberen die unterschiedlichen Feste auf dem Römerberg beobachteten.
Altstadt • Römerberg • U-Bahn: Römer • www.alte-nikolaikirche.de

Alte Oper   ► S. 118, A 18

1880 wurde der Monumentalbau mit Mozarts »Don Juan« eingeweiht. Der Berliner Architekt und spätere Leiter der Bauakademie Richard Lucae hatte das Gebäude im Stil der italienischen Hochrenaissance entworfen. 1944 wurde das Opernhaus bei einem Bombenangriff bis auf die Fassade zerstört. Nach dem Krieg entbrannte dann ein jahrzehntelanger Streit um die Frage, ob das Gebäude abgerissen oder im Original wieder aufgebaut werden sollte. Die Bewahrer setzten sich durch, und das Haus wurde 1981 als »Alte Oper« wieder eröffnet. Heute ist es einer der wichtigsten Veranstaltungsorte der Stadt: Klassische Konzerte, Weltmusik, Musicals, Ballett und rauschende Ballnächte stehen auf dem Programm.
Innenstadt • Opernplatz • U-Bahn: Alte Oper • www.alteoper.de

Alt-Sachsenhausen   ► S. 116, B/C 13/14

»Dribbdebach« nennen die Frankfurter diesen Stadtteil nach seinem Standort »drüben über dem Main«. Früher lebten hier die Frankfurter Fischer. Berühmt ist das Viertel vor allem als Zentrum der Apfelweinkul-

Bulle und Bär – Skulpturen mit Symbolwert vor der Frankfurter Börse (▶ S. 60).

tur mit Kopfsteinpflaster und Fachwerkbauten. Mangels stadtplanerischer Pflege hat Alt-Sachsenhausen mittlerweile jedoch einiges von seinem Charme eingebüßt. Echte Ebbelwoikneipen findet man heute eher an den Rändern des Viertels.
Sachsenhausen • Bus: Affentorplatz, S-Bahn: Lokalbahnhof

Börse ▶ S. 118, B 18

»Kapitalistendom« heißt die zwischen 1874 und 1879 errichtete Börse im Volksmund wegen ihrer 43 m hohen Kuppel. Vor dem Bau im Stil der italienischen Renaissance symbolisieren zwei Tierskulpturen die Entwicklung der Aktienkurse: Der Bulle steht für das Auf (»Hausse«) und der Bär für das Ab (»Baisse«) der Werte. Die Frankfurter Börse gilt als drittstärkster Aktienmarkt der Welt. Nur noch ein kleiner Bruchteil der Geschäfte wird allerdings tatsächlich am Standort in der Innenstadt abgeschlossen – dafür kann man hier jedoch noch immer in die Welt des Parketthandels eintauchen. Wer die Börse besuchen will, muss sich mindestens einen Tag vorher telefonisch anmelden. Man kann das Treiben von der Besuchergalerie aus verfolgen (10.30 und 12.30 Uhr) oder einen Einführungsvortrag besuchen (10 und 11 Uhr, mit anschließendem Besuch der Galerie). Gruppen können eigene Führungen (125 €) buchen.
Innenstadt • Börsenplatz 4 • S-/U-Bahn: Hauptwache • Tel. 21 11 15 15 • www.deutsche-boerse.com

Chinesischer Garten ▶ S. 119, F 17

Feng Shui mitten in der City: Im schönen Bethmann-Park an der unteren Berger Straße wurde ein bezaubernder chinesischer Garten angelegt. Zu dem Ensemble gehören ein Teich, eine kleine Brücke und ein drachengeschmücktes Stufenportal.
Nordend • Bethmannpark/Berger Straße • U-Bahn: Merianplatz

Commerzbank ▶ S. 118, A/B 19

Stararchitekt Sir Norman Foster hat diesen imposanten Bau geplant und realisiert. Mit der rot-weißen Antenne ist der Turm fast 300 m hoch. Der Komplex steht auf 111 Betonpfählen, die bis zu 50 m tief in die Erde reichen. Mittags kann man die Kantine im Erdgeschoss besuchen und sich so einen Eindruck verschaffen.
Innenstadt • Kaiserplatz • U-Bahn: Willy-Brandt-Platz

Deutsche Bank ▶ S. 111, F 4

Der Bau der Doppeltürme war lange umstritten. Übersehen kann sie niemand: Wie früher nur der Dom prägen die »German Twins« seit 1984 das Bild der Stadt. In der verspiegelten Glasfassade reflektiert sich der Himmel. Zurzeit wird das Gebäude

aufwendig renoviert, eine Besichtigung ist nicht möglich.
Westend • Taunusanlage/Mainzer Landstraße • U-Bahn: Alte Oper

Eiserner Steg ▶ S. 118, C 20

Die Eisenkonstruktion (1868/1869) sollte die Frankfurter mit dem Beginn des technischen Zeitalters versöhnen. Neben der Alten Brücke stellte der Eiserne Steg damals die zweite Verbindung zwischen den beiden Mainufern her. Heute ist er eines der schönsten Wahrzeichen der Stadt, berühmt geworden auch durch ein Gemälde Max Beckmanns. Im Durchschnitt passieren täglich noch immer 10 000 Personen die Fußgängerbrücke, an Silvester trifft sich hier die halbe Stadt zum Feuerwerk.
Altstadt • U-Bahn: Römer

Flughafen Frankfurt
▶ S. 114, südl. A 12

Der Frankfurter Flughafen ist der bestimmende Wirtschaftsfaktor der Region. Über 60 000 Menschen arbeiten hier. Die Besucherterrasse mit Blick auf das Rollfeld ist täglich von 10 bis 17 Uhr geöffnet. Und in den nahezu 100 Läden von Edelmarken wie Escada und Burresi kann auch jenseits gängiger Ladenschlusszeiten fleißig konsumiert werden.
Flughafen • S-Bahn: Flughafen Regionalbahnhof • www.airportcity-frankfurt.de

Frankfurter Welle ▶ S. 118, A 17

Wie eine Welle schwingt sich dieses Gebäude – ganz sprichwörtlich – in Richtung Alte Oper. Architekt Helmut Joos wollte seinen Bau, der Büros, Lokale und einige Läden beherbergt, möglichst natürlich in das Umfeld integrieren. Die Wellenform ist dem Lauf des Leerbachs nachempfunden, der über das Grundstück fließt.
Westend • Reuterweg/Ecke Bockenheimer Anlage • U-Bahn: Alte Oper

Freßgass' ▶ S. 118, A 18

Die Große Bockenheimer Straße, die vom Opernplatz in Richtung Hauptwache führt, nennen die Frankfurter wegen der hohen Dichte an Delikatessenläden »Freßgass'«. Sie eignet sich bestens für einen Nachmittags-

Wegzeiten (in Minuten) zwischen wichtigen Sehenswürdigkeiten

	Alte Oper	Alt-Sachsenhausen	Gerbermühle	Goethe-Haus	Hauptwache	Kaiserdom	Main Tower	Messe	Römerberg	Schaumainkai
Alte Oper	–	35	20*	10	5	15	10	30	15	20
Alt-Sachsenhausen	35	–	25	20	20	15	25	20*	15	10
Gerbermühle	20*	25	–	20*	20*	15*	20*	25*	15*	20
Goethe-Haus	10	20	20*	–	5	10	10	30	10	15
Hauptwache	5	20	20*	5	–	5	10	30	5	15
Kaiserdom	15	15	15*	10	5	–	15	30	3	8
Main Tower	10	25	20*	10	10	15	–	25	15	25
Messe	30	20*	25*	30	30	30	25	–	30	35
Römerberg	15	15	15*	10	5	3	15	30	–	5
Schaumainkai	20	10	20	15	15	8	25	35	5	–

MERIAN-Tipp **7**

HUNDERTWASSER-KINDER-GARTEN 👫 ▶ S. 111, nördl. D 1

Der Wiener Architekt Friedensreich Hundertwasser war Zeit seines Lebens umstritten. Während Kollegen und Feuilletonisten über seine Bauten meistens lächelten, kamen seine bunten Gebäude bei Nutzern, Bewohnern und Touristen ausgesprochen gut an. Im Stadtteil Heddernheim befindet sich die »Kita 130«, die Hundertwasser 1987 entwarf. 100 Kinder toben heute inmitten vergoldeter Kuppeln und Mosaikwände. Von den Erzieherinnen werden zweistündige Führungen durch das Haus angeboten (nur nach Voranmeldung).
Heddernheim • Kupferhammer 93 • U-Bahn: Zeilweg

bummel. Edle Boutiquen und einige Feinschmeckerrestaurants findet man auch in den Seitenstraßen. Im Juli wird das Freßgassfest gefeiert.
Innenstadt • U-Bahn: Alte Oper

Gerbermühle 👫 ▶ S. 117, E 13

Goethe war ein guter Bekannter des Bankiers von Willemer, dem die Gerbermühle gehörte. Also verbrachte der Dichter viele Stunden in dem Ausflugslokal am Mainufer und genoss den Apfelwein. Das kann man in dem schönen Garten mit Kastanien heute auch wieder, seit die Betreiber der Hotels The Pure und Bristol die Bewirtschaftung des renovierten Ensembles übernommen haben.
Oberrad • Deutschherrnufer 105 • Straßenbahn: Buchrainstraße • tgl. ab 11.30 Uhr

Goethe-Haus und Goethe-Museum 3 ▶ S. 118, B 19

Hier wurde Johann Wolfgang Goethe am 28. August 1749 »mit dem Glockenschlage zwölf« geboren, und hier wuchs er mit seiner Schwester Cornelia auf. Sein heutiges Aussehen und den Namen »Zu den drei Leiern« erhielt das Haus bei dem Umbau von 1755/1756. Damals wurde das Gebäude »hell und heiter« nach »Frankfurter Gusto« eingerichtet.
Nach einem Bombenangriff 1944 brannte Goethes Geburtshaus vollständig aus, wurde aber nach dem Zweiten Weltkrieg schnell wieder rekonstruiert. Nur die wenigsten Einrichtungsgegenstände stammen deshalb aus dem Originalbestand des Dichterfürsten. Trotzdem vermitteln die zeitgenössischen Exponate einen sehr präzisen Eindruck von der bürgerlichen Wohnkultur im 18. Jh. Das Goethe-Museum zeigt Handschriften des berühmten Schriftstellers sowie Malereien und Grafiken von Zeitgenossen, darunter auch Werke von Caspar David Friedrich.
Innenstadt • Großer Hirschgraben 23–25 • S-/U-Bahn: Hauptwache • Tel. 13 88 00 • www.goethehaus-frankfurt.de • Mo–Sa 10–18, So, feiertags 10–17.30 Uhr, Führungen tgl. 14, 16, Sa, So auch 10.30 Uhr • Eintritt 5 € , Kinder frei

Grüneburgpark 👫 ▶ S. 111, E 2

Die Parkanlage ist im Stil englischer Gärten angelegt und war einst der Landsitz der Bankiersfamilie Rothschild. Heute zieht der weitläufige Park Jogger, Sonnenanbeter und Freizeitfußballer an, am Wochenende wird fleißig gepicknickt, und ein schönes Parkcafé lädt zum Verweilen ein.
Westend • U-Bahn: Westend

Schon Goethe kehrte gerne in die Gerbermühle (▸ S. 62) ein. Die Gaststätte in Oberrad mit einem Biergarten direkt am Mainufer ist heute ein beliebtes Ausflugslokal.

Hauptbahnhof ▸ S. 115, E/F 9

Das von 1881 bis 1888 gebaute Gründerzeitgebäude war Europas größter Bahnhof – bis ihn der Leipziger Hauptbahnhof 1915 überflügelte. Die denkmalgeschützte Dachkonstruktion wurde aufwendig erneuert, sodass sich das Bauwerk heute mit seinen 25 Gleisen, auf denen täglich mehr als 1800 Züge verkehren und bis zu 350 000 Reisende unterwegs sind, in einer äußerst gelungenen Mischung aus moderner Ingenieurskunst und Tradition präsentiert.

Bahnhofsviertel • S-/U-Bahn: Hauptbahnhof

Hauptfriedhof ▸ S. 112, B/C 5

Der Hauptfriedhof, angelegt im Stil einer englischen Parkanlage, ist einer der ältesten Großstadtfriedhöfe Deutschlands. Die Philosophen Arthur Schopenhauer und Theodor W. Adorno haben hier ebenso ihre letzte Ruhe gefunden wie der Mundartdichter und Satiriker Friedrich Stoltze oder der Kabarettist Matthias Beltz. Wer die berühmten Grabstät-

ten besuchen möchte, der besorge sich zuvor bei der Genossenschaft der Friedhofsgärtner (Tel. 5 97 03 54) einen Lageplan des Areals.
Nordend • Eckenheimer Landstraße • U-Bahn: Hauptfriedhof

Hauptwache ▸ S. 118, C 18

1729 wurde das Gebäude als Stützpunkt der Frankfurter Miliz erbaut. Danach diente die Hauptwache auch als Gefängnis. Der berühmte »Schinderhannes« war hier inhaftiert, genauso wie ein Bruder des Naturforschers Johann Christian Senckenberg. Im Jahr 1833 erstürmten Studenten die Hauptwache, um für die Errichtung einer Republik zu streiten. Seit 1905 geht es in dem Gebäude friedlicher zu – damals wurde die Hauptwache in ein Café umgewandelt.
Innenstadt • S-/U-Bahn: Hauptwache

Haus am Dom ▸ S. 119, D 19

Der Frankfurter Architekt Jochem Jourdan hat das alte Hauptzollamt im Auftrag des Bistums Limburg in ein architektonisches Juwel verwandelt. Hier finden nun Vorträge und Diskussionen zum Themenkreis Religion statt, neben dem **Dommuseum** nutzt auch das **Museum für Moderne Kunst** (▸ S. 77) das Haus für Ausstellungen. Tolle italienische Küche wird im Bistro serviert.
Altstadt • U-Bahn: Römer

Holzhausenschlösschen
▸ S. 112, A 6

Auf den gotischen Fundamenten einer Wasserburg ließ sich der Patrizier Hieronymus von Holzhausen im 18. Jh. ein kleines Wasserschlösschen errichten. Heute hat die Frankfurter Bürgerstiftung hier ihren Sitz und veranstaltet Lesungen, klassische Konzerte, Jazzabende und Vorträge. Der angrenzende Holzhausenpark ist ruhig und überschaubar. Hier gibt es von Februar bis November ein ungewöhnliches Minicafé: In einem leuchtend roten, von Architekturstudenten entworfenen Würfel erhält man Latte Macchiato und hausgebackenen Kuchen. Abends schiebt der Betreiber sein Würfelcafé einfach zusammen.
Nordend • Justinianstraße • U-Bahn: Holzhausenstraße

WUSSTEN SIE, DASS …

… am Ort des IG-Farben-Hauses früher die »Städtische Anstalt für Irre und Epileptische« zu finden war? Geleitet wurde sie von Dr. Heinrich Hoffmann, dem Erfinder des »Struwwelpeters«.

IG-Farben-Haus ▸ S. 111, F 2

Hans Poelzig schuf den monumentalen Bau (1929–1931), der als Meisterstück moderner Architektur gilt. Sechs Türme hat er in die gebogene Fassade des Gebäudes eingefasst, um eine zu gigantische Wirkung zu vermeiden. Zu der Anlage gehört außerdem ein prächtiges Casino, die Freiflächen wurden von Max Bromme gestaltet. Während der nationalsozialistischen Diktatur saß hier die IG-Farbenindustrie AG. In dem Gebäude wurde die rasche Entwicklung von Zyklon B, dem Nervengas, das in Auschwitz und anderswo Millionen Menschen tötete, beschlossen.
Nach dem Zweiten Weltkrieg zog das amerikanische Militär auf das Gelände, heutiger Nutzer ist die Johann-Wolfgang-Goethe-Universität. Nördlich des Baus entsteht zurzeit der neue Campus der Universität nach

einem Masterplan des Frankfurter Architekten Ferdinand Heide.
Westend • Grüneburgplatz 1 • U-Bahn: Holzhausenstraße

Jüdischer Friedhof ▶ S. 119, E/F 19

Der älteste jüdische Friedhof in Frankfurt wurde von 1278 bis 1828 genutzt. Die Nationalsozialisten haben die meisten der Gräber zerstört. Seit 1996 erinnert ein Mahnmal am Börneplatz an den Holocaust: Entlang der Friedhofsmauer sind auf etwa 11 000 Metallblöcken die Namen der Frankfurter Juden aufgelistet, die Opfer der Naziherrschaft wurden.
Innenstadt • Battonnstraße • Straßenbahn: Börneplatz

Justinuskirche ▶ S. 114, westl. A 11

Die 845 n. Chr. erbaute Justinuskirche im Stadtteil Höchst ist Frankfurts ältestes Bauwerk. In dem vor Kurzem renovierten Sakralbau gibt es einige schöne Skulpturen aus der Spätgotik, einen barocken Hochaltar sowie eine prächtige Orgel zu sehen.
Höchst • Justinusplatz 2 • S-Bahn: Höchst • www.justinuskirche.de • April–Okt. tgl. 14–17, Nov.–März tgl. 14–16 Uhr

Kaiserdom 🔴4   ▶ S. 119, D 19

Streng genommen ist die ab 1260 erbaute, dem heiligen Bartholomäus geweihte Kirche kein Dom, denn hier hatte nie ein Bischof seinen Sitz. 1562 wurde hier der Habsburger Maximilian II. zum Kaiser des Heiligen Römischen Reiches gekrönt. Dieses Prozedere wurde zum Jahr 1792 für zehn weitere Kaiser beibehalten. Zu den Schätzen im Inneren des Gotteshauses gehören der Bartholomäus-Fries aus dem 15. Jh., das Chorgestühl aus dem 14. Jh. und der Maria-Schlaf-Altar von 1434. Wer die anstrengenden 324 Stufen des monumentalen Westturms erklimmt, wird mit einem herrlichen Blick über die Stadt belohnt.

Spätbarocke Gemälde zieren den Gartensaal im Goethe-Haus (▶ S. 62). In diesem stattlichen Anwesen verbrachte der Dichterfürst seine Kindheit und Jugend.

Altstadt • Domplatz 14 • U-Bahn:
Römer • www.dommuseum-frankfurt.
de • Dom: tgl. 8–12, 14.30–18 Uhr,
Dommuseum: Di–Fr 10–17, Sa, So
11–17 Uhr

Karmeliterkloster   ▶ S. 118, B 20

Im Kreuzgang des Klosters kann man
das berühmte Wandgemälde von Jörg
Ratgeb (16. Jh.) bewundern. Der Maler zeigt darauf Motive aus der Heils-
geschichte und der Vergangenheit des
Karmeliterordens. Außerdem ist das
Institut für Stadtgeschichte im Kloster untergebracht. Dessen Archive
reichen bis ins 9. Jh. zurück, einzelne
Dokumente werden in den Ausstellungen des Instituts präsentiert.
Altstadt • Münzgasse 9/Karmeliter-
gasse 5 • U-Bahn: Willy-Brandt-Platz

Katharinenkirche   ▶ S. 118, C 18

In der kleinen Kirche an der Hauptwache sind die modernen Glasfens-
ter von Carl Crodel sehenswert, außerdem gibt es eine schöne Orgel. In
der 1681 geweihten Kirche wurde Johann Wolfgang Goethe getauft.
Innenstadt • An der Hauptwache •
S-/U-Bahn: Hauptwache

Leinwandhaus   ▶ S. 119, D 19

Vermutlich hat Madern Gerthener,
der Architekt des Doms, auch das
Leinwandhaus gebaut. Geplant war,
in dem Gebäude, das Ende des 14. Jh.
entstand, auch außerhalb der Messezeiten Stoffe und Tuch zu verkaufen.
Nach Fertigstellung wurde das Haus
aber als »Stadtwaage« genutzt, später
auch als Gericht, Gefängnis, Lazarett
oder Schlachthaus. Im Zweiten Weltkrieg wurde das Leinwandhaus zerstört und erst 1980 wieder aufgebaut.
Altstadt • Weckmarkt 17 • U-Bahn:
Römer

Leonhardskirche   ▶ S. 118, C 20

Die beiden Türme und das Haupt-
portal stammen noch aus dem Jahr
1219, als das Gotteshaus als Kapelle
St. Maria und Georg gegründet wurde. Ab 1425 begann der Umbau zur
gotischen Hallenkirche.
Altstadt • Mainkai • U-Bahn: Römer •
Di–So 10–12, 15–18 Uhr

Liebfrauenkirche und
Kapuzinerkloster   ▶ S. 118, C 18

Aus der Hektik der Innenstadt tritt
man in den schönen Klosterhof und
wird sogleich von der Stille und An-
dacht des Ortes erfasst. Das Innere
des Gotteshauses ist ausgesprochen
schlicht. Die im Zweiten Weltkrieg
vollständig zerstörte Liebfrauenkir-
che wurde ab 1954 wieder aufgebaut.
Das Klosterleben ist bis heute intakt.
Innenstadt • Liebfrauenberg •
S-/U-Bahn: Hauptwache • tgl. 5.30–
21 Uhr

Main Tower 5 ⚲ ▶ S. 118, A 19

Das wirklich phänomenale Panorama von der Aussichtsplattform des
200 m hohen Main Tower dürfen Sie
auf keinen Fall verpassen. Von hier
aus hat man die komplette Stadt und
bei guter Sicht auch den Taunus im
Blick. Der Architekt Peter Schweger
hat das Hochhaus für die Hessische
Landesbank geplant. Der Main Tower ist der einzige öffentlich zugäng-
liche Wolkenkratzer der Stadt. In der
53. Etage gibt es ein Restaurant sowie
eine Bar, und der Hessische Rundfunk betreibt hier ein Fernsehstudio.
Innenstadt • Neue Mainzer Str. 52–
58 • U-Bahn: Willy-Brandt-Platz •
www.maintower.de • im Winter So–
Do 10–19, Fr, Sa 10–21, im Sommer
So–Do 10–21, Fr, Sa 10–23 Uhr •
Eintritt 5 €, KInder frei

Messe ▸ S. 110/111, C/D 4

Bereits 1240 erteilte Kaiser Friedrich das Privileg, in der Stadt Messen abzuhalten. Er machte Frankfurt damit zu einer der ältesten Messestädte der Welt. Das sieht man dem futuristisch anmutenden Gelände nicht an, das sich nach aufwendigen Erneuerungen und Erweiterungen heute fast wie ein eigener Stadtteil ausnimmt. Ganze 476 000 qm und elf Ausstellungshallen stehen internationalen Unternehmen und Besuchern aus aller Welt bei Messen wie der Internationalen Automobil-Ausstellung, der Musikmesse oder der weltweit größten Buchmesse zur Verfügung.

Wie ein Relikt aus einer anderen Zeit thront die 1909 erbaute **Festhalle** mit ihrer Kuppelkonstruktion aus Stahl und Glas zwischen dem 256 m hohen **Messeturm** und der halbrunden Glasfassade des **Congress Centers**: Das Gebäude mit Platz für 12 000 Besucher ist heute Veranstaltungsort für Konzerte internationaler Superstars.
Gallus • Ludwig-Erhard-Anlage 1 • U-Bahn: Festhalle/Messe, S-Bahn: Messe • www.messefrankfurt.com

Messeturm ▸ S. 111, D 4

Das höchste Gebäude Europas – diesen stolzen Titel trug der 1991 fertiggestellte Messeturm bis zur Errichtung des Frankfurter Commerzbank-Towers (▸ S. 60) im Jahr 1997. Der Chicagoer Architekt Helmut Jahn hatte den 257 m hohen Turm als Hommage an das New Yorker Chrysler Building erdacht und mit ihm eines der markantesten Wahrzeichen der Stadt erschaffen. Die an einen Bleistift erinnernde Form des Turms und die beleuchtete Dachpyramide sorgen dafür, dass der Bau aus der Skyline optisch heraussticht.

MERIAN-Tipp

NIZZA-GARTEN ▸ S. 115, F 10

Nicht wundern, das gibt es wirklich: Palmen, Feigen, Erdbeerbäume, Orangen und Ginkgos wachsen am Mainufer zwischen Untermainbrücke und Friedensbrücke. Das »Nizza« von Frankfurt gilt als der wärmste Fleck der Stadt und lässt eine mediterran anmutende Gartenlandschaft erblühen. Mehr als 150 exotische Pflanzen gedeihen im Schutz der schwarzen Kaimauer. Ein paar Schritte weiter gibt es ein schönes Café mit Terrasse.
Bahnhofsviertel • Untermainkai • U-Bahn: Willy-Brandt-Platz

Gallus • Friedrich-Ebert-Anlage • U-Bahn: Festhalle/Messe

Palmengarten ▸ S. 111, E 2/3

Heinrich Siesmayer legte den Palmengarten von 1869 bis 1871 an – zunächst für Pflanzen aus den Biebricher Wintergärten des Herzogs Adolf von Nassau. Heute zählt er zu den schönsten Gärten Europas und bietet den Besuchern eine botanische Weltreise durch die Flora und Klimazonen der Erde. Ausspannen kann man etwa bei einer Ruderboottour oder auf den herrlichen Liegewiesen. Während der Sommermonate gibt es hier ein spannendes Kulturangebot, darunter auch die Veranstaltungsreihe »Jazz im Palmengarten«. Im dazugehörigen **Café Siesmeyer** bekommt man sehr guten Kuchen.
Westend • Siesmayerstr. 61 • U-Bahn: Westend • www.palmengarten-frankfurt.de • im Winter tgl. 9–16, im Sommer tgl. 9–18 Uhr

Im Fokus

Frankfurter Budenzauber Seit dem 19. Jh. versorgen sich die Frankfurter in den Trinkhallen: Sie sind gelebte Straßenkultur und Bestandteil des Stadtlebens.

Gute Seelen sorgen in den Frankfurter Wasserhäuschen fürs Geschäft. Fast jeder Stadtbewohner hat seine bevorzugte Trinkhalle, in der er sich bis spät in die Nacht noch mit Zigaretten, Feierabendbier, Katzenfutter oder eben einer Flasche Mineralwasser eindeckt. Einen Plausch gibt es gratis dazu. Die Trinkhallenbesitzer kennen ihre Kundschaft meist seit vielen Jahren. Sie wissen, welche Zeitung man liest, sie kennen die Marke, die man raucht, oder erinnern einen an den noch abzugebenden Lottoschein.

Frankfurt ist eine Budenstadt, und die Wasserhäuschen sind bekannte Wahrzeichen der Metropole. Seit Mitte des 19. Jh. wird die Trinkhallenkultur in Frankfurt gelebt und häufig auch verteidigt – gegen Stadtplaner, denen die immer etwas improvisiert wirkenden Kioske seit ihrer Entstehung vielfach ein Dorn im Auge sind.

Mineralwasser war bis zur Mitte des 19. Jh. ein Luxus. Ein Krug des Wassers, das hauptsächlich zu Heilzwecken konsumiert wurde, war damals teurer als ein Pfund Brot. Als man dann anfing, Mineralwasser künstlich herzustellen, wurde es allerdings schnell zum Volksgetränk. Die Apotheker experimentierten mit vielerlei Zusätzen und erfanden dabei Köstlichkeiten wie »Limonade Gazeuse« oder »Cognac Water«, die sie in Glasflaschen gefüllt auf den Markt brachten.

◄ Ein Klassiker mit Seele: die Trinkhalle auf der Friedberger Landstraße.

Apotheker und Sodawasseranstalten

In Frankfurt beantragten der aus der Eifel stammende Apotheker Carl Theodor Wilhelm Hubert Gierlings und sein Kollege Friedrich Kolloge aus Hannover Konzessionen, um den Handel mit dem Sprudelwasser zu betreiben. 1861 nahmen sie den Betrieb auf. Die ersten Mineralwasseranstalten eröffneten, und die Nachfrage war enorm. Immer mehr Wasserverkaufshäuschen schossen im gesamten Stadtgebiet aus dem Boden. Ein gutes Geschäft: Der Magistrat der Stadt beschloss, von den Betreibern fortan eine Platzmiete zu verlangen. Zudem wurde eine Mindestausschanktemperatur für Mineralwasser und Limonaden von 10 °C verordnet – so meinte man seinerzeit etwaigen Verdauungsproblemen der Konsumenten vorbeugen zu können.

Nach der Jahrhundertwende nahmen die ersten Wasserhäuschen, die bald offiziell Trinkhallen genannt wurden, alkoholische Getränke ins Angebot. Die Wasserhäuschen wurden zum Kneipenersatz für die ärmeren Schichten und zum beliebten Treffpunkt im Viertel. Jetzt durften auch Obst, Tabak und Süßigkeiten verkauft werden. So machten die Trinkhallen fortan auch dem Einzelhandel Konkurrenz.

In den Zwanziger- und Dreißigerjahren des 20. Jh. übernahmen zwei Trinkhallenimperien die Kontrolle über die Frankfurter Buden: die Großunternehmen Jöst und Krome. Auch während der Zeit des Nationalsozialismus behielten diese Firmen ihre Stellung als Marktführer. Willkür und Vetternwirtschaft der Nazis machten aber vielen Betreibern das Leben schwer. Wer kein Mitglied der NSDAP war, musste mit Repressalien rechnen, während die besten Trinkhallenplätze an Parteigenossen verschoben wurden.

Nach dem Krieg suchten die Betreiber den Anschluss an die neue Zeit. In der Hansaallee eröffnete ein »Coca-Cola-Verkaufshäuschen«. Trotzdem wollten die Trinkhallen nicht mehr so recht zur Aufbruchsstimmung der Wirtschaftswunderjahre passen. Den Stadtplanern, die nun von neuen, repräsentativen Alleen träumten, standen die Büdchen im Weg. Viele Trinkhallen mussten schließen – häufig trotz vehementer Proteste der Anwohner, die auf ihre Wasserhäuschen nicht verzichten wollten.

Heute denken auch die Stadtplaner anders. Kulturgut gilt es zu schützen. Dass die Wasserhäuschen zum Stadtbild Frankfurts dazugehören, hinterfragt niemand mehr. Trotzdem sind sie längst zur bedrohten Art geworden. Immer weniger Menschen sind bereit, den schweren Job auf sich zu nehmen. Kaum einer will noch für wenig Geld stundenlange Schichten hinter dem Trinkhallentresen schieben. Recht häufig entdeckt man deshalb mittlerweile Handzettel, auf denen Kioskbetreiber verzweifelt nach einem Nachfolger suchen. Die letzte Zählung der Frankfurter Trinkhallen fand Ende 2004 statt. Damals konnten noch 284 Wasserhäuschen ermittelt werden. Besonders in Stadtteilen wie dem Gallusviertel, in Bornheim und Bockenheim, aber auch im Apfelweinviertel in Sachsenhausen sind sie weiterhin zu finden. Hier spielen die Buden noch immer eine wichtige Rolle im Alltagsgeschehen – nicht nur als Versorger nach Geschäftsschluss, sondern auch als Ort des sozialen Miteinanders. Bleibt zu hoffen, dass diese Tradition überlebt …

Paulskirche   ▶ S. 118, C 19

Die Paulskirche ist berühmt als »Wiege der deutschen Demokratie«. 1848 tagte hier die deutsche Nationalversammlung, um eine demokratische Verfassung für ein geeintes Deutschland zu beschließen. Am Widerstand der Großfürsten scheiterte der nationalliberale Aufbruch allerdings. Ein Fries des Künstlers Johannes Grützke erinnert seit 1991 an den Einzug der Volksvertreter in die Kirche. Nach der völligen Zerstörung 1944 wurde die Paulskirche nach dem Krieg wieder aufgebaut, jedoch nicht hundertprozentig nach historischem Vorbild. Die Paulskirche ist heute kein Gotteshaus mehr, sondern wird vor allem für die Feiern wichtiger nationaler Auszeichnungen genutzt. Hier werden etwa der Friedenspreis des Deutschen Buchhandels oder der Goethepreis verliehen.
Altstadt • Paulsplatz 11 • U-Bahn: Römer • tgl. 10–17 Uhr

Römer und Römerberg 🟥7   ▶ S. 118, C 19

»Gudd Stubb« nannten die Bürger den gemütlichsten Teil ihrer Stadt, den Römerberg. Nach der Zerstörung der Altstadt im Zweiten Weltkrieg blieb von über 2000 Fachwerkhäusern und dem Römerberg nur das Haus Wertheim am Fahrtor übrig, das als Musterbeispiel für das Bauen um 1600 gilt und heute eine hervorragende Konditorei beherbergt. Nach Kriegsende wurde der Römerberg nach historischen Vorbildern rekonstruiert. Wieder errichtet wurden etwa die Alte Nikolaikirche und der Römer, wo Rathaus und Standesamt logieren. Er besteht aus drei ehemaligen Patrizierhäusern, die mit ihrer gotischen Dreigiebelfront

zu den Wahrzeichen der Stadt gehören. Gegenüber dem Römer wurde – nach heftigen Disputen – zwischen 1977 und 1985 auch die östliche Zeile mit ihren putzigen Fachwerkhäusern neu errichtet. Der stadtplanerische Streit zwischen Erneuerern und Bewahrern ist bis heute im Gang. Anlässlich des Abrisses des Technischen Rathauses aus dem Jahr 1974 wird zurzeit wieder über das Gesicht der Altstadt gerungen. Befürworter eines Nebeneinanders von Alt und Neu stehen dabei engagierten Streitern für Fachwerkbauten gegenüber.
Altstadt • U-Bahn: Römer

Saalgasse   ▶ S. 119, D 19

In der Saalgasse im Rücken der Kunsthalle Schirn beweist sich, dass moderne Architektur und historische Bauwerke eine hervorragende Symbiose eingehen können. Insgesamt 14 schmale Stadthäuser wurden hier von renommierten Architekten wie dem Frankfurter Jochem Jourdan oder dem Büro Gerkan und Marg aus Hamburg in den Jahren von 1985 bis 1987 geschaffen. Trotz klarer Vorgaben sind die Häuser sehr individuell ausgefallen – häufig bunt und wunderbar verspielt.
Altstadt • U-Bahn: Römer

Schaumainkai   ▶ S. 116, A 13/14

Der bekannte Kulturpolitiker Hilmar Hoffmann ist der Vater des Museumsufers am Sachsenhäuser Schaumainkai. Die stolze Anzahl von 13 Museen wurde hier zwischen 1980 und 1990 von weltbekannten Architekten wie Richard Meier oder Oswald Ungers erbaut und bilden ein in Europa einmaliges Ensemble. Aber nicht nur die Museen sind ein gutes Argument für den Besuch des Schaumainkais:

An jedem zweiten Samstag findet dort der **Frankfurter Flohmarkt** (▸ S. 33) statt, im Museumspark am Museum für Angewandte Kunst gibt es eine der schönsten Liegewiesen der Stadt, und idyllischer als im Garten des Museumscafés im **Liebieghaus** (▸ S. 75) kann man nirgends Kuchen essen. Als jährliches Großereignis findet am letzten Augustwochenende das dreitägige **Museumsuferfest** (▸ S. 50) statt.
Sachsenhausen • U-Bahn: Schweizer Platz

Steinernes Haus   ▸ S. 119, D 19

Das prächtige Kaufmannshaus des Seidenhändlers Johann von Melem erinnert mit seinen Zinnen und Turmerkern an eine Burg und beherbergt heute den **Frankfurter Kunstverein** (▸ S. 74). Auch das Steinerne Haus wurde im Zweiten Weltkrieg zerstört und später rekonstruiert.
Altstadt • Markt 44 • U-Bahn: Römer

Westhafen   ▸ S. 115, E/F 10

Diese Hafenanlage von 1886 konnte bereits zu Beginn des 20. Jh. den gestiegenen Warenumschlag nicht mehr bewältigen. Der größere Osthafen lief ihr bald den Rang ab. Heute steht der Westhafen für ein neues Bauprojekt, das Wohnen und Arbeiten vereinen will. Es gibt einige schöne Häuser, die teilweise über eigene Bootsstege verfügen. Spannender ist aber der 109 m hohe **Westhafentower**, 2004 vom Architektenbüro Schneider + Schumacher konzipiert, der in seiner Form an ein Apfelweinglas erinnert und deshalb schnell den Spitznamen »Geripptes« verpasst bekam. Im Seitengebäude des Westhafentowers befindet sich die **Frankfurter Botschaft** (▸ S. 20). Die angesagte Restaurant-Bar sollte man am besten abends besuchen, dann ist der Blick auf das Hafenbecken beeindruckend.
Gutleutviertel • Straßenbahn: Baseler Platz

Der Römer (▸ S. 70), das originalgetreu rekonstruierte Frankfurter Rathaus, verdankt seinen Namen italienischen Messebesuchern, die hier in früheren Zeiten gastierten.

Museen und Galerien
Frankfurt ist ein exzellenter Kunststandort. Am Museumsufer folgt ein Prachtbau auf den nächsten, und in den Galerien der Stadt präsentieren sich die Shootingstars der Städelschule.

◄ Klassiker der Moderne und zeitgenössische Werke treffen im Museum für Moderne Kunst (▶ S. 77) aufeinander.

»Deutschlands Kunsthauptstadt« hat das Feuilleton der FAZ Frankfurt vor Kurzem getauft. Es steckt viel Wahrheit in diesem etwas überschwänglichen Lob. Die Museumslandschaft der Stadt ist so groß wie vielfältig. Vor allem am Museumsufer in Sachsenhausen haben die großen Häuser ihr Zuhause, darunter das **Städel Museum**, das **Museum für Angewandte Kunst** oder die Ausstellungshalle **Portikus**. Hier kann man wahrlich dem Kunstrausch verfallen.

MUSEEN

Bibelhaus Erlebnis Museum
▶ S. 116, B 13

Die Dauerausstellung wurde gerade erweitert. Das Museum will seinen Besuchern die Heilige Schrift näher bringen – mithilfe von antiken Funden aus der Zeit Jesu und anderen spannenden Erlebnisstationen wie einem großen Nomadenzelt oder einem Fischerboot am See Gennesaret. Sachsenhausen • Metzlerstr. 19 • U-Bahn: Schweizer Platz • www.bibelhaus-frankfurt.de • Di, Do–Sa 10–17, Mi 10–20, So 14–18 Uhr

Caricatura Museum   ▶ S. 119, D 19

In diesem Museum darf laut gelacht werden: Das Caricatura, 2008 eröffnet, erzählt die Geschichte der »Neuen Frankfurter Schule«, jener Gruppe von Zeichnern und Textern, die für Satireblätter wie »Titanic« oder »Pardon« verantwortlich waren. Die Sammlung umfasst nun Werke von F. K. Waechter, Chlodwig Poth oder Greser & Lenz, Sonderausstellungen widmen sich einzelnen Künstlern.

Altstadt • Weckmarkt 17 • U-Bahn: Römer • www.caricatura-museum.de • Di, Do–So 10–18, Mi 10–21 Uhr • Eintritt 5 €, Kinder 2,50 €

Deutsches Architekturmuseum
▶ S. 116, A 14

1979 wurde das Haus als erstes Architekturmuseum der Republik gegründet. Stararchitekt Oswald Ungers, der das Gebäude plante, schuf ein »Haus im Haus«. Seine Kombination aus Altbau und Neuinszenierung galt schnell als Paradebeispiel für postmodernes Bauen. 2010 wurde das Gebäude nun aufwendig renoviert. Neben Wechselausstellungen, die sich mit der Architekturmoderne und aktuellen Konzepten beschäftigen, zeigt die Dauerausstellung »Von der Urhütte zum Wolkenkratzer« die wichtigsten Entwicklungen der Baukunst von der Altsteinzeit bis zur Gegenwart. Außerdem sehr gute Vortragsreihen und Führungen. Sachsenhausen • Schaumainkai 43 • U-Bahn: Schweizer Platz • www.dam-online.de • Di, Do–Sa 11–18, Mi 11–20, So 11–19 Uhr • Eintritt 7 €, Kinder 3,50 €

Deutsches Filmmuseum 👫
▶ S. 116, A 13

Das Museum ist das größte deutsche Ausstellungshaus zur Geschichte der Filmkunst. Die Sammlung verfügt nicht nur über ein fantastisches Filmarchiv, sondern hält auch alte Projektoren, antike Kameras, Filmkulissen und eine Camera Obscura parat. Jetzt wird es noch größer: Bis zum Sommer 2011 wird das Museum komplett umgebaut. Sachsenhausen • Schaumainkai 41 • U-Bahn: Schweizer Platz • www.das-neue-filmmuseum.de

Frankfurter Kunstverein

▸ S. 119, D 19

Im Kunstverein hat junge, experimentelle und politische Kunst ihre Spielstätte. Dabei ist das Haus seiner Zeit meist ein paar Schritte voraus, was vor allem auf die hervorragenden Kontakte der Kuratoren zur jungen Kunstszene in ganz Europa zurückzuführen ist. In Gruppenausstellungen werden Werke verschiedenster Talente unter einem Thema zusammengefasst – häufig in provozierender Auswahl und nie langweilig.

MERIAN-Tipp **9**

DIALOGMUSEUM

▸ S. 113, E 8

Das Museum macht die Welt von Blinden erlebbar – in der Ausstellung »Dialog im Dunkeln« werden die Besucher von blinden Führern durch sechs Erlebnisräume in völliger Dunkelheit geführt. Ein Saal vermittelt den Eindruck, man sei im Park, ein anderer lässt glauben, dass man durch eine laute, grelle Großstadt läuft. Mittwochs, freitags und samstags können Besucher bei »Taste of Darkness« die Geschmacksnerven testen: Erst am Ende des dreigängigen Menüs im abgedunkelten Raum erfährt man, was zuvor serviert wurde. Sowohl für den Museumsbesuch wie für das Menü im Dunkeln muss man sich vorher telefonisch anmelden. Ostend • Hanauer Landstr. 145 • S-/U-Bahn: Ostbahnhof, Straßenbahn: Ostendstraße • www.dialog museum.de • Di–Fr 9–17, Sa, So 11–19 Uhr • Eintritt 13,50 €, Kinder 7 €

Altstadt • Markt 44 • U-Bahn: Römer • www.fkv.de • Di–So 11–19 Uhr • Eintritt 6 €, Kinder 4 €

Geldmuseum der Deutschen Bundesbank   ▸ S. 111, nördl. D 1

Im Geldmuseum werden historische Münzen und Geldscheine ebenso gezeigt wie unterschiedliche Entwürfe für die Gemeinschaftswährung Euro. Schwerpunkt der Ausstellung ist allerdings die Vermittlung von Wissen zur Geldpolitik. Die Bedeutung von Zentralbanken und Währungspolitik wird mithilfe von Filmen und Computeranimationen erklärt. Ginnheim • Wilhelm-Epstein-Str. 14 • U-Bahn: Dornbusch • www.geld museum.de • So–Di, Do, Fr 10–17, Mi 10–21 Uhr • Eintritt frei

Ikonen-Museum   ▸ S. 119, E 20

Die Kultbilder mit Bibelszenen auf Holz, Stoff oder Metall sollten Gott den Menschen näher bringen. Untersucht wird hier aber auch ihr Einfluss auf die Malerei der Moderne. Die auf einer Schenkung des Arztes Dr. Jörgen Schmidt-Voigt basierende Sammlung umfasst über 1000 Exponate aus dem 16. bis 19. Jh. Die kühle Ausstellungsarchitektur im barocken Deutschordenshaus neben der Kirche stammt von Oswald Ungers. Sachsenhausen • Brückenstr. 3–7 • U-Bahn: Schweizer Platz • www.ikonen museumfrankfurt.de • Di, Do–So 10–17, Mi 10–20 Uhr • Eintritt 4 €

Jüdisches Museum ▸ S. 118, AB 20

Im Rothschildpalais wird mit Filmen, Objekten und historischen Dokumenten die bis ins 12. Jh. zurückgehende Geschichte der jüdischen Gemeinde in Frankfurt erzählt. Alltagskultur, das Ghetto-Leben oder

Im Dialogmuseum (▶ MERIAN-Tipp, S. 74) wird der Alltag von Blinden erlebbar. Dabei wird der Besucher von einem blinden Führer durch sechs lichtlose Räume geleitet.

das Entstehen neuer jüdischer Gemeinschaften nach dem Holocaust stehen im Zentrum. Zum Haus gehören auch eine Bibliothek, eine Mediathek und ein schönes Buchcafé. Bahnhofsviertel • Untermainkai 14–15 • U-Bahn: Willy-Brandt-Platz • www.juedischesmuseum.de • Di, Do–So 10–17, Mi 10–20 Uhr • Eintritt 8 €, Kinder 4 €

Liebieghaus   ▶ S. 116, A 14

Die im Jahr 1909 eröffnete Skulpturensammlung ist in der Villa des Barons Heinrich v. Liebieg untergebracht, umgeben von einem lauschigen Park. Das herrliche Haus wurde jüngst renoviert, die Räume strahlen in neuen, kräftigen Farben. Gezeigt wird Figürliches von der Antike bis zum 19. Jh., es grüßen steinerne Abbilder vergangener Pharaonen, griechischer Helden, römischer Götter und asiatischer Krieger. Unbedingt das Museumscafé besuchen! Sachsenhausen • Schaumainkai 71 • Straßenbahn: Stresemannallee/ Gartenstraße • www.liebieghaus.de • Di, Fr–So 10–18, Mi, Do 10–21 Uhr • Eintritt 9 €, Kinder 7 €

Museum der Weltkulturen

▶ S. 116, A 13

Ethnokitsch und exotisches Allerlei wird man im Museum der Weltkulturen nicht finden, stattdessen stellt sich das Museum mit seinen Ausstellungen den drängenden Fragen zu Migration und Integration. Aktuelle Kunst aus Südamerika, Afrika oder Asien wird in der **Galerie 37** im Nebengebäude gezeigt.
Sachsenhausen • Schaumainkai 29–37 • U-Bahn: Schweizer Platz • www.mwk-frankfurt.de • Di, Do–So 10–17, Mi 10–20 Uhr • Eintritt 3,60 €

Museum für Angewandte Kunst

▶ S. 116, A 13

Eines der schönsten Gebäude des New Yorker Stararchitekten Richard Meier steht am Frankfurter Museumsufer. Vorgestellt wird das große Spektrum der Angewandten Kunst vom klassischen Kunsthandwerk bis zum Produktdesign der Moderne und Gegenwart. Die Sammlung ergänzen aktuelle Werke des digitalen Webdesign und der Netzkultur.
Sachsenhausen • Schaumainkai 17 • U-Bahn: Schweizer Platz • www.angewandtekunst-frankfurt.de • Di, Do–So 10–17, Mi 10–21 Uhr • Eintritt 8 €, Kinder 4 €

Museum für Kommunikation 👫

▶ S. 116, A 14

Was hat sich der Mensch nicht schon alles ausgedacht, um mit anderen Artgenossen in Kommunikation zu treten. Frühe Telegrafenapparate beispielsweise, Postkutschen, Radiosender, Rohrpost und vieles andere mehr sind im Museum für Kommunikation zu bestaunen. Zahlreiche Exponate haben Mitmachcharakter, was nicht nur Kinder begeistert. Sehr schön ist auch das Museumscafé mit seiner herrlichen Sommerterrasse.

Ein Kunstwerk von Jean-Luc Cornec ziert das Foyer des Museums für Kommunikation (▶ S. 76). In der Ausstellung werden 500 Jahre Post- und Fernmeldewesen vorgestellt.

Sachsenhausen • Schaumainkai 53 •
U-Bahn: Schweizer Platz • www.mfk-
frankfurt.de • Di–Fr 9–18, Sa, So 11–
19 Uhr • Eintritt 2,50 €, Kinder 1 €

Museum für Moderne Kunst 🔴8

▶ S. 119, D 19

In der Braubachstraße findet man
das Frankfurter »Tortenstück«: Der
Wiener Architekt Hans Hollein hat
dieses Museum raumfüllend auf ein
dreieckiges Grundstück platziert. Das
Haus, seit 2009 unter der Leitung von
Susanne Gaensheimer, glänzt mit seiner umfassenden Sammlung, die in
ungewohnter und spannender Form
präsentiert wird: viel Pop Art von
Jasper Johns, Andy Warhol und Roy
Lichtenstein, Konzeptionelles, aktuelle Positionen, Fotokunst und Einzel-
ausstellungen herausragender Künstler. Spannende Newcomer werden
im MMK Zollamt, gleich gegenüber
dem Haupthaus, präsentiert. Tipp:
An jedem zweiten Mittwoch findet
»MMK After Work« statt, dann gibt
es bis um 23 Uhr Führungen, und bis
Mitternacht wird im Foyer gefeiert.
Altstadt • Domstr. 10 • U-Bahn: Römer •
www.mmk-frankfurt.de • Di, Do–So
10–17, Mi 10–20 Uhr • Eintritt 8 €,
Kinder frei

Museum für Vor- und Frühge-
schichte/Archäologisches
Museum

▶ S. 118, B 20

Archäologische Fundstücke aus dem
Mittelmeerraum und aus der alten
Römersiedlung Nida (heute Römerstadtsiedlung ▶ S. 89) werden seit
1989 in der wieder aufgebauten Kar-
meliterkirche gezeigt. Ergebnisse der
jahrelangen Altstadtgrabungen werden in der Annenkapelle präsentiert
und erzählen von den Anfängen
»Franconofurds«.

Altstadt • Karmelitergasse 1 • U-Bahn:
Willy-Brandt-Platz • www.archaeologi
sches-museum.frankfurt.de • Di, Do–
So 10–18, Mi 10–20 Uhr • Eintritt 6 €,
Kinder 3 €

Museum Giersch

▶ S. 115, F 10

Das Museum setzt einen Kontra-
punkt zur internationalen Ausrich-
tung der großen Frankfurter Häuser.
In der ehemaligen Villa des Bauun-
ternehmers Philipp Holzmann findet regionale Kunst aus dem 19. und
frühen 20. Jh. ihr Forum.
Sachsenhausen • Schaumainkai 83 •
Straßenbahn: Stresemannallee/
Gartenstraße • www.museum-
giersch.de • Di–Do 12–19, Fr 12–
17, Sa, So 11–17 Uhr • Eintritt 5 €,
Kinder frei

Museum Judengasse ▶ S. 119, E 19

Das Museum in der Judengasse, eine
Dependance des Jüdischen Museums (▶ S. 74), beherbergt die Fundamente von fünf Häusern der ehemaligen Judengasse. Spannend: In einer
kleinen Galerie werden zeitgenössische Kunstwerke gezeigt, die sich mit
der jüdischen Geschichte oder Gegenwart auseinandersetzen.
Innenstadt • Kurt-Schumacher-Str. 10 •
S-/U-Bahn: Konstablerwache • www.
juedischesmuseum.de • Di, Do–So
10–17, Mi 10–20 Uhr • Eintritt 2 €

Naturmuseum Senckenberg 🟠9 👥♿

▶ S. 111, D 3

Der Publikumsmagnet verdankt seine Existenz der großzügigen Stiftung
des Frankfurter Arztes Johann Christian Senckenberg (1707–1772). Seine
Sammlung, die vom prähistorischen
Kopffüßler bis zur vulgären Stuben-
fliege die gesamte Naturgeschichte
dokumentiert, genießt heute Welt-

MERIAN-Tipp ◆ **10**

PORTIKUS ▸ S. 119, D 20

Der Portikus ist die Ausstellungshalle der renommierten Frankfurter Kunstakademie Städelschule. Hier hatten Künstler wie Wolfgang Tillmans oder Tobias Rehberger schon Ausstellungen, lange bevor sie zu Superstars des Kunstmarkts avancierten. Seit dem Jahr 2006 findet man den Schauraum auf der Maininsel. Der dunkelrote, von Architekt Christoph Mäckler geplante Turmbau ist ein Kunstwerk für sich. Altstadt • Alte Brücke 2 • U-Bahn: Römer, Bus: Schöne Aussicht • www.portikus.de • Di, Do–So 11–18, Mi 11–20 Uhr • Eintritt frei

ruhm. Besonders beliebt ist die größte deutsche Dinosaurierausstellung. Am Wochenende ist das Senckenberg-Museum meistens überlaufen. Wer es sich einrichten kann, sollte besser werktags kommen. Bockenheim • Senckenberganlage 25 • U-Bahn: Bockenheimer Warte • www.senckenberg.de • Mo, Di, Do, Fr 9–17, Mi 9–20, Sa, So 9–18 Uhr • Eintritt 6 €, Kinder 3 €

Schirn Kunsthalle ▸ S. 119, D 19

In der Schirn (der Name erinnert an die Verkaufsstände der Frankfurter Metzger gleichen Namens, die bis ins 19. Jh. hier standen) regiert ein Star unter den deutschen Kuratoren. Direktor Max Hollein präsentiert ein Programm, das das Publikum anzieht. Bei Ausstellungen über »Outsider Art«, Kunst und Darwinismus oder die weiblichen Vertreterinnen des Impressionismus kann es in der Schirn schon mal eng werden. Dazu kommen spannende Vortragsreihen, die die Präsentationen begleiten. Für ihre Ausstellungskonzepte wurde die Kunsthalle mit vielen Preisen bedacht. Altstadt • Römerberg • U-Bahn: Römer • www.schirn-kunsthalle.de • Di, Fr–So 10–19, Mi, Do 10–22 Uhr • Eintritt je nach Ausstellung ca. 8 €, Kinder frei

WUSSTEN SIE, DASS …

… der größte deutsche Kunstraub der Nachkriegsgeschichte in Frankfurt stattfand? 1994 wurden in der Schirn drei wertvolle Gemälde von Caspar David Friedrich und William Turner entwendet.

Städel Museum ▸ S. 116, A 14

Das Städelsche Kunstinstitut glänzt durch Pracht, innen wie außen. Hier kann man sich in der großartigen Sammlung durch alte Meister, Grafik und viel Expressionismus stöbern. Unter den Ausstellungsstücken sind Werke von Botticelli, Jan van Eyck, Hans Holbein, Franz Marc und – eines der Wahrzeichen der Stadt – das Gemälde »Goethe in der römischen Campagna« von Johann Heinrich Wilhelm Tischbein. Wegen Baumaßnahmen (das Frankfurter Architekturbüro Schneider + Schumacher realisiert gerade eine spektakuläre neue Ausstellungshalle unter dem Städelgarten) ist zurzeit allerdings nur ein kleiner Teil der Sammlung zu sehen. Über den Fortgang des Erweiterungsbaus informiert die Website www.das-neue-staedel.de. Sachsenhausen • Schaumainkai 63 • U-Bahn: Schweizer Platz • www.staedelmuseum.de • Di, Fr–So 10–18, Mi, Do 10–22 Uhr • Eintritt 7 €, Kinder frei

Stoltze Museum ▸ S. 119, D 18

Friedrich Stoltze (1816–1891) war ein Frankfurter Original, ein engagierter Journalist und bissiger Mundartdichter, der mit seiner satirischen Wochenzeitung »Frankfurter Latern« in der Bismarckzeit aneckte und begeisterte. Das Museum zeichnet sein bewegtes Leben im Kaiserreich nach.
Innenstadt • Töngesgasse 34–36 • S-/U-Bahn: Konstablerwache • www.frankfurter-sparkasse.de/stoltze • Mo, Di, Do, Fr 9.30–17, Mi 9.30–20 Uhr • Eintritt frei

Struwwelpeter-Museum
▸ Familientipps, S. 54

GALERIEN
Galerie Bärbel Grässlin
▸ S. 119, D 17

Eine Frankfurter Galeristin mit Weltruhm. Ihr Gespür verlässt sie selten: In Bärbel Grässlins Galerie zeigen Künstler wie Albert Oehlen, Franz West oder der Frankfurter Shootingstar Tobias Rehberger ihre Werke.
Innenstadt • Schäfergasse 46 b • S-/U-Bahn: Konstablerwache • Tel. 29 92 46 70 • www.galerie-graesslin.de • Di–Fr 10–18, Sa 10–14 Uhr

Galerie Parisa Kind ▸ S. 116, C 14

Die junge Galeristin hat viele Absolventen von der Städelschule, Frankfurts bekannter Kunstakademie, in ihrem Programm.
Sachsenhausen • Offenbacher Landstr. 11–13 • S-/U-Bahn: Südbahnhof • Tel. 60 60 54 38 • www.parisakind.de • Di–Sa 12–16 Uhr

Voges Gallery ▸ S. 118, B 20

Ulrich Voges stellt spannende Kunst aus den Bereichen Fotografie, Video, Malerei und Installation vor.
Innenstadt • Neue Mainzer Str. 1 • U-Bahn: Willy-Brandt-Platz • Tel. 55 74 54 • www.vogesgallery.com • Di–Sa 10–18 Uhr

Die Schirn Kunsthalle (▸ S. 78) am Römerberg zeigt große Retrospektiven und spannende Themenausstellungen – und wurde für ihr Programm mehrfach ausgezeichnet.

Der am südlichen Mainufer gelegene
Stadtteil Alt-Sachsenhausen (▶ S. 59) ist
geprägt von Fachwerkbauten, Kopfsteinpflaster und vielen Apfelweinkneipen.

Spaziergänge
und Ausflüge

Zwischen turmhohen Wolkenkratzern, an der Prome-
niermeile des Mainufers oder in der Ernst-May-Sied-
lung: Frankfurt hat viele Gesichter.

Ausflug am Mainufer – An Frankfurts lebendigem Fluss entlang ❿

CHARAKTERISTIK: Schöner Bummel auf Frankfurts beliebtester Freizeitpromenade
DAUER: ca. 2 Std. **LÄNGE:** 4,5 km **EINKEHRTIPPS:** Nizza am Main, Untermainkai 17, Mo–Fr 11.30–23, Sa 18–23, So 12–23 Uhr €€€ • Maincafé, Schaumainkai 50, im Sommer tgl. 11–23, im Winter Fr 21–1, Sa, So 11–19 Uhr • Gerbermühle (▸ S. 14), Deutschherrnufer 105, tgl. 11.30–23 Uhr €€€
KARTE ▸ S. 116, B 13 – S. 117, E 13

Das Mainufer ist das beliebteste Freizeitrevier Frankfurts. Zu Recht: Der Blick auf den Fluss und die dahinter liegende Skyline ist traumhaft, auf den Wiesen kann man herrlich picknicken, und Spaziergänger und Inlineskater machen den **Mainuferweg** zur geschäftigen Promenade.

Eiserner Steg ▸ Holbeinsteg
Der Spaziergang beginnt auf der City-Seite des **Eisernen Stegs**. Von privaten Investoren finanziert, wurde die Brücke 1868 bis 1869 als zweite Verbindung – neben der Alten Brücke – über den Main errichtet. Wir überqueren den Fluss aber nicht, sondern gehen westwärts in Richtung Holbeinsteg. Der Weg führt am **Nizza-Garten** (▸ MERIAN-Tipp, S. 67), dem wärmsten Fleck der Stadt, vorbei.

Hier steht auch der moderne Bau des Restaurants **Nizza am Main**, das Spaziergänger auf einer schönen Terrasse mit Kaffee und Kuchen versorgt. Wenig später geht es auf der filigranen Fußgängerbrücke des **Holbeinstegs** auf die Sachsenhäuser Seite des Mainufers. Der Weg über die Brücke führt direkt auf das **Städel Museum** zu, eines der imposanten Bauwerke am sogenannten Museumsufer.

Maincafé ▸ Museumspark
Wir gehen nun aber nicht auf dem Schaumainkai weiter, sondern steigen zum Flussufer hinab. Im Früh-

jahr und im Sommer herrscht auf den Rasenflächen und am **Maincafé**, das nach wenigen Minuten erreicht wird, Trubel bis spät in die Nacht. Betrieben wird das schöne Café in einer alten, steinernen Kaimauer von einer Gruppe junger Architekten. Als Sommerprovisorium und Projekt gestartet, hat es sich längst zur Institution entwickelt. Die Wiese vor dem Café ist ein lebhafter Treffpunkt für Jung und Alt, wer Glück hat, ergattert sogar einen Liegestuhl.

Nach wenigen Schritten verlassen wir die Mainpromenade hinter der Untermainbrücke. Eine Treppe führt zum Schaumainkai hoch. Auf der gegenüberliegenden Straßenseite stehen die zwei Häuser des **Museums der Weltkulturen**. Hinter ihnen geht es in den kleinen Museumspark, der zum **Museum für Angewandte Kunst** (**MAK**) gehört. Wir laufen auf einem Asphaltweg zum Museum, dessen Architektur beeindruckt: Der weiße, moderne Bau von Richard Meier bildet einen starken Kontrast zur alten Metzler-Villa. Im MAK gibt es nicht nur interessante Designkunst zu entdecken, sondern hier logiert auch ein schickes Museumscafé.

MAK ▸ Flößerbrücke
Vom MAK kommend überqueren wir den Schaumainkai und steigen am Eisernen Steg (jetzt auf der Sachsen-

häuser Seite) wieder zum Main hinunter. Auf der Insel an der Alten Brücke befindet sich der spektakuläre Bau der Ausstellungshalle **Portikus** (▶ MERIAN-Tipp, S. 78). Der schlichte rote Baukörper – entworfen vom Frankfurter Architekten Christoph Mäckler – schießt in die Höhe, in seinem Inneren kann man spannende zeitgenössische Kunst bewundern.

Nun geht es unter der Ignatz-Bubis-Brücke (bevor Bubis Vorsitzender des Zentralrats der Juden wurde, leitete er die Jüdische Gemeinde Frankfurts) und der Flößerbrücke hindurch, man sieht auf der rechten Seite den markanten Turm des Hotels Main Plaza. Hier beginnt nun das **Florentinische Viertel**, einer von Frankfurts jungen und aufstrebenden Bezirken.

Auf dem Mainuferweg schlendern wir parallel zum Deutschherrnufer weiter. Dort stehen einige schöne Wohnhäuser in Quaderform, die in den letzten Jahren entstanden. Die individuell gestalteten Wohnungen sind beliebt, auch wenn es an einer echten städtischen Infrastruktur im Umfeld noch mangelt. Jetzt hat man auch einen sehr guten Blick auf den **Osthafen** und die Baustelle Großmarkthalle am gegenüberliegenden Ufer. Dort wird in den kommenden Jahren im Zuge des Neubaus der Europäischen Zentralbank (EZB) ein komplett neues Stadtviertel entstehen.

Florentinisches Viertel ▶
Gerbermühle

Wir gehen weiter durch einen Grünstreifen mit mächtigen, alten Bäumen, an einer Schrebergartenanlage vorbei, bis zu einem Parkplatz, der sich schon kurz vor der Stadtgrenze Offenbachs befindet. Hier stehen die Clubhäuser mehrerer Frankfurter Ruderclubs. Vor allem am Wochenende

sieht man viele Mannschaften auf dem Fluss ihr Training absolvieren.

Bevor die Gerbermühle erreicht ist, stolpern wir noch über einen scheinbar abgesägten Sockel, der sich als »Ich«-Statue entpuppt: Hier kann sich jedermann in der Pose des Helden, Kriegsherren oder eines Engels

Aus dieser Perspektive erschließt sich der Ausdruck »Mainhattan« perfekt.

ablichten lassen. Denn »jeder Mensch ist einzigartig« – so verkündet es auf einem Hinweisschild der Karikaturist Hans Traxler.

Einzigartig und bezaubernd ist auch der mit großen Kastanienbäumen bewachsene Garten der **Gerbermühle**. Schon Goethe schwärmte von dem Ausflugslokal und verbrachte hier viele Stunden. Man kann es ihm heute gleichtun – im Sommergarten und im Restaurant des Hotels Gerbermühle wird eine krative, regional inspirierte Küche serviert.

Mainhattan – Von der Messe ins Bankenviertel

CHARAKTERISTIK: Tour durchs Frankfurter Bankenviertel mit seinen beeindruckenden Wolkenkratzern **DAUER:** ca. 1,5 Std. **LÄNGE:** 3,5 km **EINKEHRTIPPS:** Coa, Kaiserstr. 29, Tel. 97 69 82 87, Mo–Sa 11–23 Uhr, So geschl. • Main Tower Restaurant & Bar, Neue Mainzer Str. 52–58, Tel. 36 50 47 77, Di–Fr 11.30–14.30, 18–1, Sa, So 13–17, 18–1 Uhr, So, Mo geschl. €€€ **KARTE ▶ S. 114, D4–F4**

Entdecken Sie Deutschlands einzige Metropole mit echter Skyline bei einem Spaziergang entlang der imposanten Hochhäuser.

Messe ▶ Mainzer Landstraße

Frankfurt ist Messestandort – und das seit dem Mittelalter. 1240 wurde es von Kaiser Friedrich II. offiziell in den Rang einer Messestadt erhoben. Das heutige **Messegelände** präsentiert sich als moderne »Stadt in der Stadt«, deren bekannteste und publikumswirksamste Standbeine die jährliche Buchmesse und die im zweijährigen Turnus stattfindende »Internationale Automobil Ausstellung« sind. An den Glanz alter Zeiten erinnert die mächtige **Festhalle**, in der heute Großkonzerte und Kongresse stattfinden. Vor dem 256 m hohen **Messeturm** von Helmut Jahn findet man mit Jonathan Borofskys Skulptur »Hammering Man« eine Metall gewordene Allegorie auf die Arbeit und den Fleiß.

Himmelstrebende Gebäude prägen das Bankenviertel, in dem etwa 400 Kreditinstitute ihre Vertretungen haben. Im Hintergrund der 256 m hohe Messeturm (▶ S. 67).

Wir gehen nun durch die Friedrich-Ebert-Anlage in Richtung Hauptbahnhof, an den Hochhauszwillingen **Castor und Pollux** vorbei, und wechseln dann an der U-Bahn-Station »Festhalle/Messe« die Straßenseite. Wenig später biegt unser Weg linker Hand in die Rheinstraße ab. Hier gelangen wir ins **Westend** und sehen einige schöne Gründerzeithäuser. Gleich geht es rechts in die Savignystraße, der wir bis zur stark befahrenen Mainzer Landstraße folgen.

Rechts von uns befindet sich das **DG-Hochhaus**, wegen seiner Dachkonstruktion Kronen-Hochhaus genannt. Vor dem Komplex ragt eine Skulptur des PopArt-Künstlers Claes Oldenburg in den Himmel: eine auf den Kopf gestellte Krawatte.

Oldenburg-Skulptur ▶ Gallileo

An der Mainzer Landstraße entlang gehen wir stadteinwärts, bis der Weg rechts in die Weserstraße abbiegt. Am Jürgen-Ponto-Platz steht das **Jürgen-Ponto-Hochhaus** aus dem Jahr 1980 mit seiner glänzend-kühlen Aluminiumhaut. Der »Silberturm« war früher die Zentrale der Dresdner Bank. Derzeit wird er umgebaut, danach zieht die Deutsche Bank ein.

Wir schlendern durch die Neckarstraße zum **Gallileo-Hochhaus**, wo die Commerzbank nun ihr Quartier bezogen hat. In der gegenüberliegenden Grünanlage ragt unübersehbar die **Euro-Skulptur** des Künstlers Ottmar Hörl empor, die anlässlich der Einführung der neuen Gemeinschaftswährung entstanden ist. Im dahinter liegenden Hochhaus hat die **Europäische Zentralbank** ihren Sitz. Wer nun eine Pause einlegen will, kann der asiatischen Nudelbar **Coa** einen Besuch abstatten (Ecke Kaiserstraße/Neue Mainzer Straße).

Main Tower ▶ Deutsche Bank

Von der Kaiserstraße biegt man links in die Neue Mainzer Straße ab, wo wenig später das Lieblingshochhaus der Frankfurter besichtigt werden kann: Der **Main Tower** ⭐, die Zentrale der Hessischen Landesbank, ist öffentlich zugänglich. Mit dem Aufzug geht es in das 53. Stockwerk und weiter auf die **Aussichtsplattform**. Einen fantastischeren Blick auf die Stadt werden Sie nirgendwo finden! Wer abends kommt, gönnt sich einen Drink in der Bar und bestaunt das Lichtermeer der City. Für das Gourmetrestaurant im Main Tower sollte man im Voraus reservieren.

Wir laufen die Neue Mainzer Straße zurück und biegen an der ersten Straßenecke links in die Große Gallusstraße ein, wenig später rechts in die Kirchnerstraße, und dann geht es vor bis zur Kaiserstraße. Hier steht der von Sir Norman Foster 1996 als höchstes Gebäude Europas gebaute **Commerzbank Tower**. Leider kann man den eindrucksvollen Wolkenkratzer nicht besichtigen, mittags ist allerdings die »Plaza«-Kantine zugänglich und gewährt Einblicke in die beeindruckende Konstruktion.

Weiter über die Kaiserstraße, links am Rossmarkt vorbei und durch die Junghofstraße erreichen wir die **Taunusanlage**. Heute eine der schönsten Grünflächen der Stadt, bevölkerten in den Achtzigerjahren unzählige Heroinabhängige diese Parkanlage. Als drastisches Synonym für das Drogenelend wurde sie durch Presseberichte in ganz Deutschland berühmt-berüchtigt. Die **Zwillingstürme der Deutschen Bank** entstanden von 1979 bis 1984 und machten das Gegensatzpaar von »Junkfurt« und »Bankfurt« damals komplett.

Jüdisches Frankfurt – Von der Judengasse zur Westendsynagoge

CHARAKTERISTIK: Vom Ostend ins Westend begibt sich dieser Spaziergang auf Spurensuche nach der jüdischen Kultur in Frankfurt **DAUER:** ca. 3 Std. **LÄNGE:**

5 km **EINKEHRTIPPS:** Lesecafé im Jüdischen Museum, Di–So 10–17, Mi 10–20 Uhr • Operncafé, Opernpl. 10, Tel. 28 52 60, Mo–Sa 9–1, So, Fei 11–1 Uhr €€€

KARTE ▸ S. 112, C 7 – S. 111, F 2

Seit dem Mittelalter, als im Osten der Stadt die Judengasse entstand, spielte die jüdische Bevölkerung in Frankfurt eine wichtige Rolle. Die bürgerlich-jüdische Kultur und Persönlichkeiten wie der Schriftsteller Ludwig Börne, der Maler Max Beckmann oder die Bankiersfamilie Rothschild prägten das geistige Leben der Stadt. Mit 30 000 Mitgliedern stellte die jüdische Gemeinde Anfang des 20. Jh. etwa 5 % der Stadtbevölkerung. Nach dem Zusammenbruch des Nationalsozialismus waren gerade noch einmal 146 Überlebende in der Stadt zu zählen. Noch am 15. März 1945 hatte die Gestapo, zwei Monate nach der Befreiung des Konzentrationslagers Auschwitz, fünf Juden nach Theresienstadt deportiert.

Hochbunker ▸ Alter Jüdischer Friedhof

Am **Hochbunker** an der Friedberger Anlage beginnt der Spaziergang, der den Spuren jüdischer Geschichte in Frankfurt nachforscht. Hier stand die größte Synagoge der Stadt, bevor sie am 10. November 1938 zerstört und später abgerissen wurde. 1942 wurde der Bunker auf das Fundament des Gotteshauses gesetzt. Das Geschichtsbüro der »Initiative 9. November« erinnert mit einer Ausstellung an das Leben im jüdischen Viertel im Ostend zur Jahrhundertwendezeit. Geöffnet ist sie allerdings nur von Mai

bis November und dann auch lediglich am Sonntag von 11–14 Uhr, um 11.30 Uhr findet eine Führung statt. Wir laufen durch die Grünflächen der Friedberger Anlage, kreuzen die Lange Straße und erreichen in der Battonstraße den **Alten Jüdischen Friedhof**. Einige Grabinschriften des Friedhofs reichen bis in das 13. Jh. zurück, doch die Nazis haben den Großteil der Gräber zerstört.

Ein **Mahnmal** entlang der Friedhofsmauer erinnert an den Terror des Holocaust: Auf über 11 000 Metallblöcken liest man die Namen Frankfurter Juden, die während des Dritten Reichs getötet wurden. Einer der Blöcke ist der berühmten Tagebuchschreiberin Anne Frank gewidmet. Bevor die Franks nach Amsterdam emigrierten, lebte die Familie in der Frankfurter Ganghoferstraße.

Zur Gedenkstätte gehört auch der **Börneplatz**. Die Synagoge, die hier einst stand, wurde in der Reichspogromnacht vom 9. auf den 10. November 1938 zerstört und abgetragen. Erst im Jahr 1978 erhielt der von den Nationalsozialisten in Dominikanerplatz umbenannte Börneplatz seinen alten Namen wieder.

Börneplatz ▸ Jüdisches Museum

Das **Museum Judengasse** befindet sich im Gebäude der Stadtwerke. Der Eingang liegt am östlichen Rand des

Der ehemalige Hauptsitz der IG-Farben-AG (▸ S. 64) diente nach dem Zweiten Weltkrieg der US-Armee als Hauptquartier und beherbergt heute Institute der Universität.

ursprünglichen Börneplatzes in der Kurt-Schumacher-Straße. 1985 hatte der Frankfurter Magistrat – gegen massive Proteste, die nicht nur aus der jüdischen Gemeinde kamen – beschlossen, ein neues Verwaltungsgebäude auf dem Börneplatz bauen zu lassen. 1987 wurden bei den Bauarbeiten dann 19 erstaunlich gut erhaltene Kellerfundamente der mittelalterlichen Judengasse entdeckt. Das Aktionsbündnis »Rettet den Börneplatz« besetzte daraufhin die Baustelle und konnte einen Kompromiss erstreiten: Die Fundamente der Häuser Weißer Widder, Roter Widder, Sperber, Steinernes Haus und eines Tauchbades blieben erhalten. Das Museum Judengasse wurde in die Stadtwerke integriert und zeigt heute neben den erhaltenen Fundamenten auch aktuelle Kunst zur jüdischen Geschichte oder Fotoausstellungen.

Vom Museum Judengasse geht es über Berliner Straße und Braubachstraße zum Römerberg und weiter an den Untermainkai. Wir laufen ostwärts parallel zum Mainufer und erreichen das **Jüdische Museum** im ehemaligen Palais der Rothschilds. Nehmen Sie sich am besten viel Zeit für die Ausstellung, die die bis ins Mittelalter zurückgehende Geschichte der Frankfurter Juden erzählt. Die Sammlung an historischen Gegenständen aus Alltag und Religion ist hervorragend, besonders beeindruckend ist das große Holzmodell der alten Judengasse. Im Lesecafé des Museums gibt es Kaffee und leckere Kuchen, ein angeschlossener Buchladen lädt zum Stöbern ein.

Schauspielhaus ▸ Rothschildpark

Vom Museum kommend biegen wir rechts in die Untermainanlage ab. Rechter Hand liegen die Kammerspiele des **Frankfurter Schauspiels**. 1984 wollte Rainer Werner Fassbinder hier sein umstrittenes Theaterwerk »Der Müll, die Stadt und der Tod« uraufführen. Die jüdische Gemeinde protestierte vehement gegen das Stück, das sie als antisemitisch ablehnte: »Als die Juden der Stadt – junge und alte, linke und rechte, arme und reiche – plötzlich auf der Bühne gestanden und den aufgeklärten Theaterbesuchern erklärt hatten, warum sie es nicht hinnehmen wollen, wenn die Hauptfigur eines Stückes wieder einmal ein namenloser reicher Jude ist, merkten sie mit einem Mal, dass sie nicht den geringsten Grund hatten, sich zu ducken«, beschrieb der Reporter Herbert Riehl-Heyse diesen prägenden Moment jüdischen Selbstbewusstseins später.

Hinter dem Gebäudekomplex der **Städtischen Bühnen**, zu denen auch Schauspiel und Oper gehören, geht es an der Europäischen Zentralbank vorbei in die **Gallusanlage**. Bis zur Alten Oper führt der Spaziergang jetzt durch die schöne Wallanlage, die später Taunusanlage heißt und in der einige Skulpturen zu entdecken sind, unter ihnen die mächtige Statue von Schiller. Über den Opernplatz erreichen wir den Reuterweg und biegen wenig später wieder links in den **Rothschildpark** ein.

Westendsynagoge ▸ IG-Farben-Haus

Nach dem Ausgang des Rothschildparks gelangt man von der Oberlindau links in die Staufenstraße und dann rechts die Unterlindau hinauf. Das **Westend** mit seinen wunderbaren Gründerzeithäusern war nach der Wende zum 20. Jh. neben dem Ostend das zweite von vielen Juden bevorzugte Stadtviertel. Von der Unterlindau biegen wir in die Altkö-nigstraße und sehen bald den beeindruckenden Bau der **Westendsynagoge**, die im orientalischen Jugendstil errichtet wurde. Der Eingang liegt in der Freiherr-vom-Stein-Straße.

Im Jahr 1910 wurde die Synagoge geweiht, die von Anhängern des Reformjudentums besucht wurde und – entgegen der Sabbat-Regeln der Orthodoxen – sogar über eine Orgel verfügte. Auch die Westendsynagoge brannte in der Pogromnacht, wurde aber nicht vollständig zerstört. Der Innenraum wurde von 1984 bis 1996 wieder weitgehend in seinen Originalzustand versetzt. Besichtigen kann man die Synagoge nur im Rahmen von Führungen der Jüdischen Gemeinde, die meist viermal im Jahr stattfinden (über Termine informiert das Sekretariat der Jüdischen Volkshochschule, Tel. 76 80 36 42), oder als Besucher eines der Sabbat-Gottesdienste (Fr abends, Sa vormittags).

Den Abschluss unserer Spurensuche bildet das **IG-Farben-Haus**, das wir im Zickzack über die Feldbergstraße, Unterlindau, Fürstenbergerstraße und Telemannstraße erreichen. Der Bau von Hans Poelzig ist zum Symbol für die nationalsozialistische Vernichtungspolitik geworden. Hier hatte der Firmenzusammenschluss IG-Farbenindustrie AG, der das tödliche Gas Zyklon B an die nationalsozialistischen Konzentrationslager lieferte und in seinen Werken Zwangsarbeiter ausbeutete, seinen Sitz.

Heute forschen die Geisteswissenschaftler der Johann-Wolfgang-Goethe-Universität an diesem Ort. Ein Rundgang (den Weg erklärt eine Tafel im Erdgeschoss an der rechten Seite des Cafés in der Rotunde) in den Quadertürmen des Gebäudes erzählt die Geschichte des Ortes.

»Neues Frankfurt« – Durch die Römerstadtsiedlung von Ernst May

CHARAKTERISTIK: Ein architekturhistorisch spannender Spaziergang, der das »Neue Bauen« der Zwanzigerjahre lebendig macht **DAUER:** ca. 2 Std. **LÄNGE:**  4,5 km **EINKEHRTIPP:** Restaurant Römerschänke, Hadrianstr. 48, Tel. 95 11 53 33, Sa, So, feiertags 12–24, Mo, Mi–Fr 15–24 Uhr €€ **KARTE ▶ S. 91**

In nur fünf Jahren, von 1925 bis 1930, machten der Frankfurter Bürgermeister **Ludwig Landmann** und sein Stadtbaurat, der Architekt **Ernst May**, die Stadt zum Zentrum des »Neuen Bauens«. May verpflichtete renommierte Architekten wie Bruno Taut, Martin Elsaesser und Walter Gropius und schrieb mit seinem stadtplanerischen Entwurf, der eine radikale Abkehr von der wilhelminischen Formensprache der Kaiserzeit mit den Anforderungen eines sozialen Wohnungsbaus vereinte, Archi-

tekturgeschichte. Bauprojekte wie die Siedlungen am Bornheimer Hang oder in der Bruchfeldstraße (»Zickzackhausen«) wurden von der Architekturkritik wild diskutiert – und fanden meistens großes Lob.

Als Aufbruch, als eine gelungene Symbiose aus architektonischer Form und sozialem Denken wurden die Projekte seinerzeit gefeiert. Am eindrucksvollsten kann man die Spuren des »Neuen Frankfurt« heute in der **Römerstadtsiedlung** im Stadtteil Heddernheim entdecken.

Im Ernst-May-Haus ist eine originale »Frankfurter Küche« (▶ S. 90) zu sehen. 1926 von Margarete Schütte-Lihotzky entworfen, gilt sie als Urtyp der modernen Einbauküche.

Geschwister-Scholl-Schule ▶ Ernst-May-Haus

Die Römerstadt liegt am nördlichen Talhang des Flusses Nidda. Ihr Name erinnert an die Römersiedlung **Nida**, auf deren Areal sie entstanden ist. Der bekannte Architekt Martin Elsaesser entwarf die **Volksschule**, die heute nach den Geschwistern Scholl von der Widerstandsgruppe Weiße Rose benannt ist. Die Schule, die in direkter Nähe der U-Bahn-Station Römerstadt liegt, ist ein Musterbeispiel für das »Neue Bauen«. Wegen ihrer modernen Formensprache, der hohen Funktionalität und sehr niedrigen Baukosten erfuhr sie viel Anerkennung. Seit 1995 steht ihr ein beeindruckender Bau des Architekturbüros Günther Behnisch und Partner gegenüber, der weitere Räume der Realschule beherbergt. Es lohnt sich, hier über den Schulhof zu laufen, um auch die lichte Konstruktion der neuen Sporthalle zu begutachten. Der Spaziergang führt am Kopfbau an der **Hadrianstraße** weiter, in dem die Einkaufsläden der Siedlung untergebracht waren. Auch heute entdeckt man hier Geschäfte. Nach wenigen Metern schlendern wir links in die **Mithrasstraße**, wo die ersten, für die Siedlung typischen Zweifamilienhäuser zu sehen sind. Diese Flachdachbauten mit zweigeteiltem Eingang finden sich auch in der Straße **Im Burgfeld**, die man über einen kurzen Fußgängerweg erreicht. Hier verlief früher die Wehrmauer der römischen Siedlung Nida.

In der Hausnummer 136 befindet sich das **Ernst-May-Haus**: Die 2003 gegründete private Initiative der Ernst-May-Gesellschaft hat sich zur Aufgabe gesetzt, die Erinnerung an den einstigen Frankfurter Stadtbaurat zu fördern. So soll u. a. auch das Wohnhaus wieder in seinen Originalzustand zurückversetzt werden. Das Prunkstück des Hauses ist eine beinahe unversehrte »**Frankfurter Küche**«: Margarete Schütte-Lihotzky hatte den Vorläufer der modernen Einbauküche nach dem Vorbild eines Mitropa-Speisewagens entworfen. Auf weniger als sieben Quadratmetern sollte das Haushalten für die moderne Frau komfortabler und einfacher werden. Von den mehr als 20 000 »Frankfurter Küchen«, die Ernst May in Mietshäuser einbauen ließ, sind heute nur noch die wenigsten erhalten. Ein Exemplar hat sich das Historische Museum für seine Sammlung gesichert.

Das Ernst-May-Haus kann man von Dienstag bis Samstag von 11–16 Uhr besichtigen. Die Ernst-May-Gesellschaft veranstaltet darüber hinaus regelmäßig Vorträge und Diskussionen zum Wirken des Stadtbaurats.

Schrebergärten ▶ Hadrianstraße

Der Straße Im Burgfeld folgend, biegen wir rechts zur **Fritz-Lennig-Anlage** ab. Durch die Schrebergärten läuft man parallel zum Mauerwerk der Römerstadtsiedlung. In Höhe eines Pavillons führt ein kleiner Asphaltweg zur Nidda hinunter. Wir haben jetzt einen schönen Blick auf die Häuserzeilen der Siedlung, und in Höhe des Sportplatzes taucht noch einmal der Anbau der Geschwister-Scholl-Schule auf. Es geht nun unter der Schnellstraße weiter, an einem Minigolfplatz vorbei, bis zum Restaurant **Römerschänke**, das auf seiner Terrasse und im Biergarten den Gästen viel Platz bietet.

An einer gekrümmten Mietskaserne machen wir jetzt wieder einige Schritte die Hadrianstraße hinauf und dann in die Straße An der Ringmauer. Auch hier stehen die typischen Zweifamilienhäuser mit geteiltem Eingang. Die Vorgärten sind heute individuell bepflanzt, auch die Wandfarben der Häuser variieren. Ernst May hatte beim Bau der Siedlung auf ein einheitliches Erscheinungsbild Wert gelegt. Die Häuser ließ er weiß verputzen, damit sie von Weitem erkennbar waren. Für die Gartenanlagen hatte er den umstrittenen Architekten Leberecht Migge engagiert, der Selbstversorgergärten anlegte und strenge Regeln festlegte. Die Bewohner durften ihre Vorgärten damals nicht selbst pflegen, stattdessen hatte ein städtischer Gärtnertrupp für den einheitlichen Look im Sinne Migges zu sorgen.

Von einem der Pavillons können Sie noch einmal auf die Nidda hinunterblicken. Auch hier sieht man wieder Schrebergärten, die schon zum Entwurf von Ernst May dazugehörten. Von der Straße An der Ringmauer führt ein kleiner Fußweg in Richtung Im Heidenfeld. Wir biegen allerdings gleich wieder links in einen Pfad ein, der zwischen den Gärten der Wohnungen hindurchführt. In diesem schmalen Grünstreifen bauten die Bewohner damals ihr Obst und Gemüse an, um im Sinne der Reformbewegung autark leben zu können. Heute wächst Rasen, und es gedeihen herrliche Rosen. Am Ende des Pfads ist es nicht mehr weit zurück zur Geschwister-Scholl-Schule bzw. zur U-Bahn-Station »Römerstadt«.

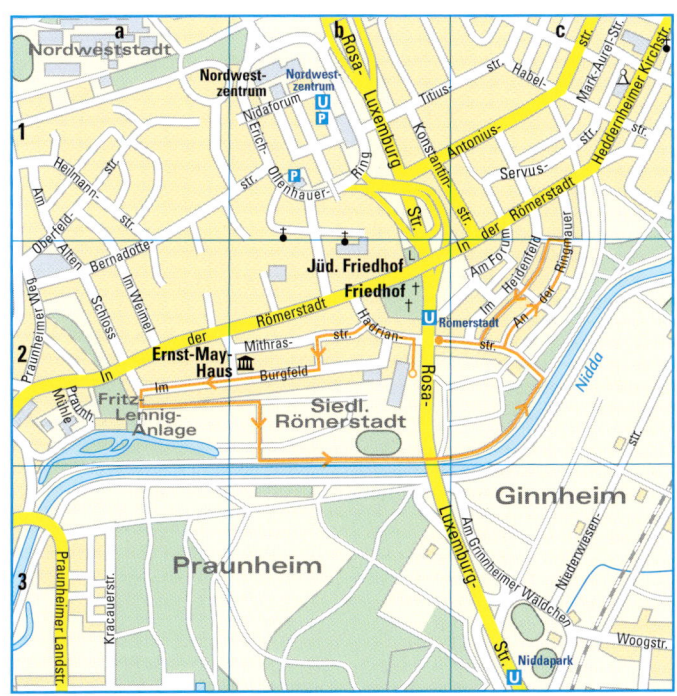

AUSFLÜGE IN DIE UMGEBUNG
Mathildenhöhe – Jugendstil in Darmstadt

CHARAKTERISTIK: Ausflug in das deutsche Zentrum des Jugendstils **ANFAHRT:** mit dem Auto über die A 5; mit der S-Bahn oder Regionalbahn bis Darmstadt Hauptbahnhof, weiter mit Bus »F« in Richtung Darmstadt-Kranichstein bis Lucasweg/Mathildenhöhe **DAUER:** Halbtagesausflug **EINKEHRTIPP:** Café Alacarte im Ausstellungsgebäude, mit schöner Sommerterrasse, Di–So 10–18 Uhr, Mo geschl. €€ **KARTE** ▸ S. 97, b/c 3

Die Darmstädter Mathildenhöhe (benannt nach Prinzessin Mathilde von Bayern, die mit dem Darmstädter Großherzog Ludwig III. verheiratet war) entwickelte sich nach 1900 zu einem bedeutenden Brennpunkt des deutschen Jugendstils. Großherzog Ernst Ludwig hatte 1898 sieben Künstler und Architekten nach Darmstadt geladen und dazu verpflichtet, jeweils drei Jahre auf der Mathildenhöhe tätig zu sein. Ernst Ludwig, dessen Herz für die englische Arts-and-Crafts-Bewegung schlug, die als Vorläufer des Jugendstils gilt, träumte von einem künstlerischen Aufbruch von Darmstadt aus.

Als Leiter der Künstlerkolonie auf der Mathildenhöhe bestimmte der Großherzog den Wiener Architekten Joseph Maria Olbrich. 1900 wurde der Grundstein für das Atelier gelegt, und der Bauherr jubelte: »Mein Hessenland blühe, und in ihm die Kunst!«

Künstlerkolonie und Ausstellungsgebäude

Zwei Museen beherbergt die Mathildenhöhe heute. Das **Ausstellungsgebäude** wurde 1908 nach einem Entwurf von Olbrich fertiggestellt. Der Architekt hatte das Gebäude von Anfang an als Raum für Kunstausstellungen geplant. Heute finden hier Wechselausstellungen statt, die sich mit ausgewählten Künstlern des Ju-

gendstils oder dem zeitgenössischen Blick auf die Epoche befassen.

Das **Ateliergebäude**, das von Olbrich einst als »Tempel der Arbeit« geplant war, beherbergt heute das **Museum Künstlerkolonie**. Die Dauerausstellung vermittelt einen großartigen Überblick über die Designkünste des Jugendstils. Ausgezeichnete Möbel, Glaswaren, Keramiken, Textilien und Grafiken sind Teil der Sammlung. Tipp: Im Museumsshop im Oktogon des Ernst-Ludwig-Hauses kann man einige schöne Repliken der kunsthandwerklichen Jugendstilobjekte erwerben (Di–So 11–18 Uhr).

Wahrzeichen der Stadt: der »Fünffingerturm«

Markantestes Bauwerk der Anlage ist der **Hochzeitsturm** neben dem Ausstellungsgebäude. Die Stadt Darmstadt stiftete ihn 1905 anlässlich der Verlobung des Großherzogs mit Eleonore Solms-Hohensolms-Lich. Wegen seiner außergewöhnlichen Form und Dachkonstruktion bürgerte sich der Name »Fünffingerturm« ein. Sehenswert machen den Bau, der ebenfalls von Olbrich stammt und sich schnell zum Wahrzeichen Darmstadts entwickelte, das Hochzeitszimmer, das Fürstenzimmer und die Sonnenuhr an der Südseite. Vor dem Turm wird im Sommer Boule gespielt, darunter liegt ein schöner Platanenhain.

Vom Ausstellungsgebäude (▸ S. 92) mit seinen eindrucksvollen Jugendstildetails fällt der Blick auf die bereits 1897 errichtete Russische Kapelle (▸ S. 93).

Die niedliche **Russische Kapelle** mit ihren Zwiebeltürmchen wurde schon gebaut, bevor Ernst Ludwig die Mathildenhöhe zur Künstlerkolonie erklärte. Im Jahr 1897 begannen die Bauarbeiten nach Planungen des russischen Architekten Leontij Nikolaviä (»Louis«) Benois. Bauherr war Nikolaus II., der letzte russische Zar, der mit der Schwester von Großherzog Ernst Ludwig, Alix von Hessen und bei Rhein, verheiratet war. Der angrenzende **Schwanentempel** und das unter der Kapelle liegende **Lilienbecken** stammen von Albin Müller.

Die Architektenhäuser

Ein Rundweg durch die Straßen Mathildenhöhenweg, Prinz-Christians-Weg, Eugen-Bracht-Weg und Alexandraweg führt an den von den Architekten der Künstlerkolonie entworfenen **Jugendstilvillen** vorbei (in den Museen kann man eine Karte mit Erklärungen kaufen).

Am spektakulärsten ist das **Haus Behrens** (Alexandraweg 17, errichtet 1900/1901), die erste architektonische Arbeit des Kunsthandwerkers Peter Behrens (1868–1940), der später mit seinen Industriebauten Architekturgeschichte schreiben sollte. Fein ausgearbeitete Ornamente und ein gotisch anmutender Giebel machen das Haus zum mustergültigen Jugendstilbau, über den die Architekturkritik damals jubelte: »Es besteht nicht aus Formen, es ist eine einzige Form vom Sockel bis zum Firste.« Nachfahren von Peter Behrens leben noch heute in dem Haus.

INFORMATIONEN

Institut Mathildenhöhe
www.mathildenhoehe.info
– Ausstellungsgebäude: Di, Mi, Fr–So 10–18, Do 10–21 Uhr
– Museum Künstlerkolonie: Di–So 10–17 Uhr

Rheingau – In bester Rieslinglage

CHARAKTERISTIK: Ausflug an die Rheinufer zwischen Oestrich-Winkel und Rüdesheim. **ANFAHRT:** mit dem Auto über die A 66 und den Rhein-Main-Schnellweg (B 42) **DAUER:** Tagesausflug **EINKEHRTIPPS:** Klosterschänke im Kloster Eberbach, Tel. 0 67 23/99 32 99, tgl. 11.30–22 Uhr €€€ • Hotel Krone Assmannshausen, Rheinuferstr. 10, Tel. 0 67 22/40 30, tgl. 12–21.30 Uhr (Terrasse von 14.30–18 Uhr) €€€€ **AUSKUNFT:** Rheingau Taunus Information, Oestrich-Winkel, An der Basilika 11a, Tel. 0 67 23/9 95 50, www.rheingau-taunus-info.de, April–Anfang Okt. Mo–Fr 9–17, Sa, So, Fei 11–17 Uhr, Ende Okt.–Ende März Mo–Fr 9–17 Uhr **KARTE ▸ S. 97, a 2**

»Ach, das ist eine Gegend wie ein Dichtertraum«, schwärmte Heinrich von Kleist über das Rheingau. Berühmt ist die Region vor allem für den Riesling, der hier angebaut und in alle Welt verkauft wird.

Mehr als zauberhafte Filmkulisse: Kloster Eberbach

Für seine Verfilmung von Umberto Ecos Roman »Der Name der Rose« hätte Jean-Jacques Annaud wohl keine bessere Kulisse finden können als das **Kloster Eberbach** in der Nachbarschaft von Eltville. Der Film mit Sean Connery in der Hauptrolle des William von Baskerville wurde weltweit ein Erfolg – gerade weil es dem Regisseur gelang, die Atmosphäre des mittelalterlichen Klosterlebens so authentisch und lebendig einzufangen. Für eine Besichtigung des Anwesens sollte man mindestens eine Stunde einplanen, es gibt erstaunlich viel zu entdecken. Die romanische Basilika gilt als eines der wichtigsten Baudenkmäler Hessens, der bezaubernde Klostergarten will erkundet werden, und die historischen Keltern in den alten Weinkellern machen die mehr als 800-jährige Weinbautradition von Eberbach lebendig.

Im Mittelalter verkauften die Mönche ihre Weine bis weit über die Landesgrenzen hinaus, heute besorgen die Hessischen Staatsweingüter diese Aufgabe. Jeden ersten und dritten Freitag im Monat finden sachkundige Weinführungen im Kloster statt. Küche in klösterlicher Tradition wird in der **Klosterschänke** in den früheren Stallungen der Zisterziensermönche serviert. Im dazugehörigen Biergarten sitzt man bei schönem Wetter unter alten Platanen.

Am Rheinufer von Eltville bis Assmannshausen

Von Wiesbaden kommend empfiehlt sich ein erster Halt in der Sektstadt **Eltville**. Seit dem 19. Jh. ergänzt die Sektherstellung hier den Weinbau. Ein Spaziergang führt durch die Altstadt rund um den Burgplatz. Unbedingt besichtigen sollte man auch die wunderbaren Rosenanlagen in der **Kurfürstlichen Burg**. Am Rheinufer liegt die 1840 neugotisch umgebaute **Burg Crass** mit ihrem romanischen Kern. Im traumhaften Garten und im Restaurant bekommt man kreativ interpretierte Landküche serviert. Weiter geht es über **Oestrich-Winkel**, wo der bekannte Oestricher Kran und das **Schloss Vollrads** einen Stopp lohnenswert machen. Kurz vor Geisenheim biegen wir nun vom Rheinufer ab zum **Schloss Johannisberg**. Das ehemalige Benediktinerkloster wurde 1795 zum Schloss umgebaut.

Kleine Oase in der Rieslingregion: Assmannshausen (▶ S. 95) ist für seinen Rotwein bekannt. Seine Weinlagen sind zu mehr als 90 % mit Spätburgunderreben bestockt.

Im Wein-Kabinett des Anwesens kann man heute Spitzenweine kaufen.

Berühmt ist die Johannisberger Spätlese: Nur mit Erlaubnis des Fürstabtes von Fulda durften die Johannisberger früher ihre Reben ernten. 1775 verspätete sich der bischöfliche Reiter erheblich. Als er Johannisberg erreichte, waren die Trauben längst verfault. Gekeltert wurden sie trotzdem. Mit erstaunlichem Ergebnis: Der Wein schmeckte vorzüglich, die Spätlese war erfunden.

Rüdesheim, das zweifellos beliebteste Ziel im Rheingau, ist mit Vorsicht zu genießen: Tausende von Touristen ziehen für gewöhnlich durch die berühmt-berüchtigte Drosselgasse oder ins Asbach-Uralt-Besucherzentrum. Mehr Spaß macht eine Wanderung zum **Niederwalddenkmal**, das an den Sieg des deutschen Heeres gegen die Franzosen im Jahr 1871 erinnert. Wer die Mühen des Aufstiegs scheut, fährt mit der Seilbahn zum Denkmal hinauf. Hoch über dem Rhein thront Germania und symbolisiert nationales Pathos. Die herrliche Aussicht auf das Umland ist kaum zu übertreffen. Ruhiger und beschaulicher als Rüdesheim ist das keineswegs weniger schöne **Assmannshausen**, das nur wenig später erreicht wird. In den Weinlokalen des Ortes oder auf der Terrasse des noblen Hotels **Krone Assmannshausen** (leckere Kuchen!) kann man eine Pause einlegen. In den Weinbergen von Assmannshausen wird kein Riesling, sondern Rotwein angebaut. Hochgelobt ist der Spätburgunder vom Höllenberg.

INFORMATIONEN
Kloster Eberbach
Tel. 0 67 23/91 78 11 • www.kloster eberbach.de • Mitte März–Ende Okt. tgl. 10–18 (Führungen Fr 15, Sa, So, Fei 11, 13, 15 Uhr), Anfang Nov.– Mitte März tgl. 11–17 (Führung So 15 Uhr)

Nach Seligenstadt – Fahrradtour am Main

CHARAKTERISTIK: Schöner, unbeschwerlicher Fahrradausflug am Main entlang
DAUER: Halbtages- oder Tagesausflug **EINKEHRTIPPS:** Hafen 2, Offenbach, Hafen 2 a, Tel. 98 55 85 11, www.hafen2.net, Di–So 12–20 Uhr • Eiscafé Maintor, Seligenstadt, Große Maingasse 22, Tel. 0 61 82/2 96 50, Sommer tgl. 10–22, Frühjahr und Herbst tgl. 12–18 Uhr • Klostercafé, Seligenstadt, Im Klosterhof 2, tgl. 10–18 Uhr
AUSKUNFT: Tourist-Info, Seligenstadt, Marktpl. 1, Tel. 0 61 82/8 71 77, www.seligenstadt.de, Mo–Fr 9.30–12.30, 14–17, Sa 10–12.30, So 14–16 Uhr **FAHRRAD-VERLEIH:** Fahrradscheune, Alt Harheim 27, Tel. 0 61 01/4 89 58, www.fahrradscheune.de, April–Sept. Mi–Fr 13–19, Sa 10–14, So–Di geschl., Okt.–März Mi–Fr 15–19, Sa 11–13 Uhr, So–Di geschl. • alternativ über Call A Bike von der Bundesbahn, Tel. 0 70 00/5 22 55 22, www.callabike.de
KARTE ▶ S. 97, c 2

Eine der schönsten Radtouren der Region führt – immer am Mainufer entlang – von Frankfurt bis nach Seligenstadt. Die ebene Strecke ohne nennenswerte Anstrengungen ist etwa 30 km lang und verläuft auf gut befestigten, autofreien Wegen. Eine Fahrradkarte kann man sich sparen, denn der Main leitet die Radfahrer automatisch zum Ziel.

Eiserner Steg ▶ Rumpenheim
Startpunkt ist der **Eiserne Steg** auf der Sachsenhäuser Seite. Die komplette Radtour verläuft auf der südlichen Mainseite. Für Abstecher zum nördlichen Mainufer, etwa um das vor Hanau gelegene **Schloss Philippsruhe** zu besichtigen, stehen einige Fähren und Brücken bereit. Spätestens auf der Höhe von Steinheim sollte man aber wieder auf die südliche Mainseite zurückkehren, denn es gibt keinen schönen Radweg, der durch das Hanauer Hafengebiet führt. Von Frankfurt geht es auf dem Mainuferweg zunächst bis zur **Gerbermühle**, in der schon Goethe den Apfelwein genoss, und weiter bis an die Stadtgrenze von Offenbach. Nach der Schleuse führt die Tour vom Fluss weg und für kurze Zeit durch das wenig schöne Hafengebiet der Stadt. Nach etwa 1 km lohnt sich ein kurzer Abstecher in das hübsche Café des **Kulturzentrums Hafen 2**. Hier gibt es leckeren Kuchen und hervorragenden Kaffee, im Sommer kann man auf der Wiese herrlich sonnenbaden. Die Strecke verläuft weiter am Uferweg entlang. Schnell wird es wieder idyllisch und dörflich. Im Stadtteil **Rumpenheim** verbindet eine Fähre die beiden Mainufer. Rechter Hand führt der Weg zum Park des **Rumpenheimer Schlosses**, den es zu besichtigen lohnt. Das Schloss, das im 19. Jh. noch ein glanzvoller Treffpunkt von Europas Hochadel war, wurde im Zweiten Weltkrieg stark zerstört und verfiel im Lauf der Jahre. Auf Druck einer Bürgerinitiative hat die Stadt Offenbach die Anlage mitsamt Schlosspark mittlerweile renoviert.

Rumpenheim ▶ Seligenstadt
Von Rumpenheim fahren wir an einer weiteren Fährstation vorbei bis **Dietesheim**. Kurz hinter dem Ort führen kleine und etwas versteckte Trampelpfade direkt an das Mainufer. Mutige steigen an dieser Stelle im Sommer zum Schwimmen in den Fluss. Die Wasserqualität des Mains

hat sich in den letzten Jahren stark gesteigert und ist meistens sogar besser als in den Badeseen der Umgebung – trotzdem ist das Bad im Fluss nicht jedermanns Sache und durch den regen Schiffsverkehr auch nicht ganz ungefährlich. Der Radweg führt nun weiter an schönen Wiesen und Birkenhainen vorbei, und auf der gegenüberliegenden Flussseite gelangt zwischendurch die Stadt Hanau ins Blickfeld. Wir passieren noch die Orte Steinheim, Klein-Auheim, Hainstadt und Klein-Krotzenburg, bis **Seligenstadt** schließlich erreicht ist.

Ein Zitat Karls des Großen hat der Stadt den Namen gestiftet: »Selig sei die Stadt, da ich meine Tochter wieder fand.« Besichtigen sollte man in dem schönen Fachwerkort vor allem die **Einhardbasilika**, die der Benediktiner Einhard 830 gründete. Das karolingische Bauwerk wurde im Barock verändert, 1937 aber nach alten Plänen wieder restauriert und ist eines der bedeutendsten Baudenkmäler der Karolingerzeit. Bemerkenswert sind auch die Gärten der einstigen Klosteranlage. Für eine Pause bietet sich danach das **Klostercafé** an, das vom Förderkreis Lichtblick betrieben wird und behinderten Menschen eine Arbeitsstätte gewährt. Beliebter noch als die Seligenstädter Baudenkmäler ist aber das örtliche Speiseeis. Seit Jahren pilgern Besucher zum legendären **Eis-Kaiser** (Große Maingasse 2, gegenüber der Basilika), vielleicht noch besser ist das **Eiscafé Maintor** in der Nähe des Mainufers.

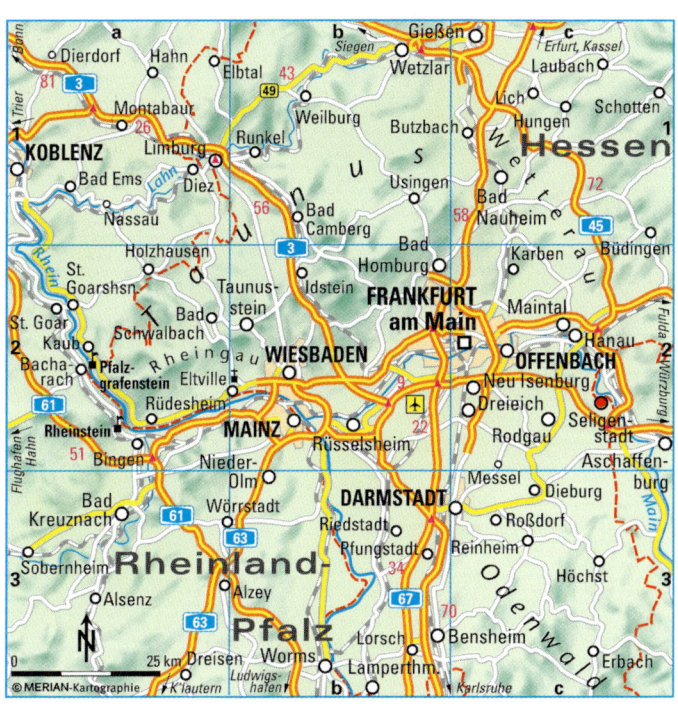

Nirgendwo hat man einen besseren und weiteren Blick über die Mainmetropole als von der Aussichtsplattform des Main Towers (▶ S. 66) in 200 m Höhe.

Wissenswertes
über Frankfurt

Nützliche Informationen für einen gelungenen
Aufenthalt: Fakten über Land, Leute und Geschichte
sowie Reisepraktisches von A bis Z.

Auf einen Blick

Mehr erfahren über Frankfurt – Informationen über Land und Leute, von Bevölkerung über Politik, Religion und Sprache bis Wirtschaft.

AMTSSPRACHE: Deutsch
BEVÖLKERUNG: ca. 76 % Deutsche, 24 % Ausländer
EINWOHNER: 688 500
FLÄCHE: 249 qkm
INTERNET: www.frankfurt.de
RELIGION: 24 % evangelisch, 24 % katholisch, hoher Muslimenanteil
VERWALTUNG: Freie Kreisstadt mit 43 Stadtteilen
WÄHRUNG: Euro

Bevölkerung

Frankfurt wächst. Durch die positive wirtschaftliche Entwicklung der vergangenen Jahre kam es zu einem bemerkenswerten Anstieg der Bevölkerungszahlen. 1990 lebten ca. 634 000 Menschen in Frankfurt, 2000 waren es schon ca. 650 000, Ende 2010 wurden dann bereits über 688 000 Bewohner gezählt. Dabei ist Frankfurt eine Single-Hochburg: 53,2 % Ein-Personen-Haushalte gibt es in der Stadt. Zahlreiche Frankfurter haben ihre Wurzeln in anderen Ländern und Kulturen: 24 % der Bevölkerung sind Ausländer, unter den Deutschen vefügen 13,1 % über einen sogenannten »Migrationshinweis«.

Lage und Geografie

Frankfurt ist die größte Stadt Hessens und die fünftgrößte Stadt Deutschlands. Sie liegt im Südwesten des Landes. Durch ihren Flughafen ist sie einer der wichtigsten internationalen

◄ »Ebbelwoi« aus dem »Bembel« in einer der urigen Apfelweinkneipen (► S. 23).

Verkehrsknotenpunkte in Europa. Geteilt wird Frankfurt durch den Main, der das Stadtbild maßgeblich prägt. Die Innenstadt befindet sich auf der nördlichen Seite des Flusses, am südlichen Mainufer liegt der Stadtteil Sachsenhausen. Frankfurt ist erstaunlich grün: Ein Drittel der Stadt wurde zum Landschaftsschutzgebiet »Frankfurter GrünGürtel« deklariert, darunter auch der Stadtwald, einer der größten in Deutschland. Im Nordwesten von Frankfurt erhebt sich der Taunus. Dieses waldreiche und dünn besiedelte Mittelgebirge ist seit vielen Jahren ein beliebtes Ausflugsziel der Stadtbevölkerung.

Das Klima in Frankfurt ist sehr mild, die Jahresmitteltemperatur liegt mit 9,7 °C über der von Berlin, München oder Hamburg. Am wärmsten ist es in den Monaten Juni bis August, dann werden Durchschnittswerte von 17,1 bis 19,4 °C erreicht. Im Sommer kann es bei Spitzentemperaturen von über 30 °C aber auch sehr schwül werden.

Politik und Verwaltung

Die kreisfreie Stadt gehört zum Regierungsbezirk Darmstadt und ist das größte Ballungszentrum in Hessen. Politische Entscheidungen werden in der Stadtverordnetenversammlung und in den 16 Ortsbeiräten getroffen. Seit 2006 wird Frankfurt von einer schwarzgrünen Koalition, die mit der FDP kooperiert, regiert. Oberbürgermeisterin ist seit 1995 die CDU-Politikerin Petra Roth. Bei den Kommunalwahlen 2011 muss sich die Koalition dem Wählerwillen neu stellen. Wichtige stadtpolitische Themen der kommenden Jahre sind die

Neugestaltung der Altstadt nach dem Abriss des Technischen Rathauses, ein erneuerter Hochhausrahmenplan, mehrere Museumsneubauten (Historisches Museum, Museum der Weltkulturen) und – immer wieder – die Diskussion um den Ausbau des Frankfurter Flughafens.

Religion

Der Anteil an katholischen und evangelischen Christen hält sich etwa die Waage und liegt bei ca. 24 %. Neben einem hohen Anteil an Muslimen leben auch viele Juden, Buddhisten, Hindus und Sikhs in der Stadt. Das Verhältnis der Religionsgruppen zueinander ist von Toleranz geprägt.

Sprache

In Frankfurt wird hochdeutsch gesprochen oder hessisch »gebabbelt«. In den meisten Cafés, Restaurants und Läden kommt man aber auch mit Englisch sehr gut weiter.

Wirtschaft

Frankfurt und das Rhein-Main-Gebiet gelten als bedeutender und dynamischer Wirtschaftsraum. Die Stadt ist zugleich wichtige Dienstleistungsmetropole und Deutschlands zentraler Bankenstandort. Rund 80 000 Banker arbeiten hier. Frankfurt ist Sitz der Deutschen Börse, der Deutschen Bank sowie der Europäischen Zentralbank (EZB), die im Osten der City im Moment einen spektakulären Neubau nach Plänen des Wiener Architekturbüros Coop Himmelblau realisiert. Ein weiterer gewichtiger Wirtschaftsfaktor ist der Rhein-Main-Flughafen. Etwa 71 000 Menschen arbeiten am Airport, was ihn laut IHK Frankfurt zur größten lokalen Arbeitsstätte in Deutschland macht.

Geschichte

794
Frankfurt wird unter dem Namen Franconovurd – Furt der Franken – erstmals urkundlich erwähnt.

9. Jh.
Bau der Pfalzkirche St. Salvator, die später zur gotischen Bartholomäuskirche, dem Dom, wird.

Um 1150
Rabbi Eliezer aus Mainz spricht von einer Frankfurter Messe.

12.–13. Jh.
Frankfurt erhält das Stadtrecht und wird zu einem wichtigen Zentrum für den Fernverkehr und Handel.

1356
Kaiser Karl IV. erklärt die Frankfurter Bartholomäuskirche durch die »Goldene Bulle« zum einzigen Wahlort deutscher Könige.

1562
Erstmals wird in der Bartholomäuskirche ein deutscher König, der spätere Kaiser Maximilian II., gekrönt. Frankfurt löst Aachen als Krönungsstadt der deutschen Kaiser ab.

1585
Gründung der »Burs«, eines Zusammenschlusses von Messe-Kaufleuten und Vorläufer der Frankfurter Börse.

1749
Johann Wolfgang von Goethe wird in Frankfurt geboren.

1820
In Frankfurt wird die erste Aktie gehandelt.

1848
In der Paulskirche tagt das erste frei gewählte deutsche Parlament. Die Abgeordneten arbeiten an einer demokratischen Verfassung für die gesamte deutsche Nation. Am Protest der Fürsten scheitert die Bildung des nationalliberalen Staates.

1888
Frankfurts Hauptbahnhof, damals Europas größter Kopfbahnhof, wird fertiggestellt.

1914
Die Universität, die erste deutsche Stiftungsuniversität, wird gegründet.

1925–1927
Der Architekt Ernst May wird Frankfurter Stadtbaumeister und engagiert sich für einen modernen Aufbruch im Städtebau. Er schreibt damit Architekturgeschichte.

1932
Umbenennung der Universität in Johann-Wolfgang-Goethe-Universität.

1933
Die Nationalsozialisten übernehmen die Macht im Römer.

1938
In der Reichspogromnacht brennen am 9. November mehrere Frankfurter Synagogen. Die Hauptsynagoge am Börneplatz wird bis auf die Grundmauern zerstört und abgetragen.

1944
Bei nächtlichen Bombenangriffen der Royal Airforce wird die komplette Altstadt vernichtet.

1946

Frankfurt wird Sitz der Deutschen Bibliothek mit dem Hauptauftrag, deutsches Schriftgut zu sammeln.

1949

In der Abstimmung über den Sitz der Bundeshauptstadt verliert Frankfurt unerwartet gegen Konrad Adenauers Favoriten Bonn. Die bereits produzierte Ansprache von Bürgermeister Walter Kolb landet in den Archiven des Hessischen Rundfunks.

1957

Frankfurt wird Standort der Deutschen Bundesbank, die aus der 1947 gegründeten Bank deutscher Länder hervorgeht.

1968

Die Stadt ist mit der »Frankfurter Schule« um Max Horkheimer und Theodor W. Adorno eines der wichtigsten Zentren der Studentenbewegung. Am 2. April zünden Andreas Baader, Gudrun Ensslin und zwei Komplizen im Kaufhaus Schneider eine Bombe – der Auftakt des linksradikalen Terrorismus in der BRD.

1970

Beginn des sogenannten »Frankfurter Häuserkampfs«: Die Spontiszene wehrt sich mit Hausbesetzungen und teils militanten Demonstrationen gegen die Zerstörung von Wohnraum und den Abriss von Altbauten.

1972

Der SPD-Politiker Hilmar Hoffmann wird Kulturdezernent und erkämpft den höchsten Kulturetat aller deutschen Städte. An der Sachsenhäuser Mainseite wird der Grundstein zum Bau des Museumsufers gelegt.

1980–1987

Linke und Umweltschützer protestieren gegen die Errichtung der 1984 dem Verkehr übergebenen Startbahn West am Frankfurter Flughafen. Trauriger Höhepunkt der Auseinandersetzungen ist im November 1987 die Ermordung zweier Bereitschaftspolizisten durch einen Demonstranten.

1984

Die Jüdische Gemeinde Frankfurts protestiert gegen die Aufführung von Fassbinders Theaterstück »Der Müll, die Stadt und der Tod«, dem antisemitische Ressentiments vorgeworfen werden. Mit ihrer Aktion verhindern die Gemeindevertreter die Premiere in den Kammerspielen.

1989

Der grüne Politiker Daniel Cohn-Bendit wird Leiter des ersten »Amtes für multikulturelle Angelegenheiten« in Deutschland und so zum Vorreiter der Integrationspolitik.

1997

Der Commerzbank-Turm des Architekten Sir Norman Foster wird fertiggestellt. Mit ca. 300 m Höhe ist er bis 2003 das höchste Gebäude Europas.

1998

Die Europäische Zentralbank (EZB) nimmt in Frankfurt die Arbeit auf.

2006

Politisches Experiment: Seit 2006 wird Frankfurt von einem Bündnis aus CDU und Grünen unter Oberbürgermeisterin Petra Roth regiert.

2011

Im Mai wird der Parketthandel an der Frankfurter Börse eingestellt.

Reisepraktisches von A–Z

ANREISE

MIT DEM AUTO

Frankfurt ist wichtiger Verkehrsknotenpunkt in der Mitte Deutschlands. Das Autobahnnetz um die Stadt ist sehr gut ausgebaut. Während großer Messen oder zur Rushhour kommt es allerdings häufiger zu Staus. Einen kostenlosen Parkplatz in der Innenstadt zu finden ist schwierig, es stehen jedoch ausreichend Parkhäuser und kostenpflichtige Parkplätze zur Verfügung. In den Stadtteilen sollte man sich an die Regeln der Anwohnerparkplätze halten, wenn man kein »Knöllchen« riskieren möchte, denn hier wird häufig kontrolliert.

MIT DEM ZUG

Der Hauptbahnhof liegt mitten in der Stadt und in Nähe des Mains. Er ist einer der Hauptknotenpunkte des deutschen und internationalen Zugverkehrs. Von hier aus fahren auch die S-Bahnen zum Flughafen (Fahrzeit: 10 Min.). Im Bahnhof befindet sich eine Touristeninformation. Auskunft: Tel. 0 18 05/99 66 33 • www.bahn.de • kostenlose Fahrplanhinweise: Tel. 08 00/1 50 70 90

MIT DEM FLUGZEUG

Der **Rhein-Main-Flughafen** ist mit ca. 50 Mio. Fluggästen im Jahr nach London/Heathrow Europas zweitgrößter Passagierflughafen. In zwei Terminals haben über 100 Fluggesellschaften, fast 200 Cafés, Restaurants und Shops sowie zwei Kirchen ihren Platz. Mit dem Taxi gelangt man in etwa 20 bis 30 Min. ins Zentrum, die Fahrt kostet rund 30 €. Günstiger und schneller ist man mit der Regionalbahn oder der S-Bahn

(Abfahrt im Tiefgeschoss von Terminal 1), bis in die Innenstadt zahlt man für eine Fahrt 3,80 €. Der Billigflieger Ryan Air steuert den Flughafen **Frankfurt-Hahn** im Hunsrück an. Von dort muss man für die Busfahrt in die Frankfurter Innenstadt jedoch zwei weitere Stunden einplanen. Auf www.atmosfair.de und www.myclimate.org kann jeder Reisende durch eine Spende für Klimaschutzprojekte für die CO_2-Emission seines Fluges aufkommen.

AUSKUNFT

IN ÖSTERREICH UND DER SCHWEIZ

Deutsche Zentrale für Tourismus
– Mariahilfer Str. 54, 1070 Wien • Tel. 01/5 13 27 92 • www.deutschland tourismus.at
– Talstr. 62, 8001 Zürich • Tel. 0 44/2 13 22 00 • www.deutschland tourismus.ch

IN FRANKFURT AM MAIN

Tourismus und Congress GmbH
www.frankfurt-tourismus.de
– Bahnhofsviertel • Hauptbahnhof • U-Bahn: Hauptbahnhof • Mo–Fr 8–21, Sa, So und feiertags 9–18 Uhr
▶ S. 115, F 9
– Altstadt • Römerberg 27 • U-Bahn: Dom/Römer • Mo–Fr 9.30–17.30, Sa, So und feiertags 10–16 Uhr
▶ S. 118, C 19

BUCHTIPPS

Martin Mosebach: »**Mein Frankfurt**« (Insel, 2002) Den Widersprüchen Frankfurts spürt Autor Mosebach in seinem klugen Essay nach. Auch wenn ihn vieles abstößt und ihm einiges hässlich erscheint, kann der große Schriftsteller und gebürtige Frankfurter die tiefe Liebe zu seiner Stadt nie verbergen.

Jörg Fauser: »Rohstoff« (Alexander Verlag, 2004) Der 1982 erschienene Roman des früh verstorbenen Jörg Fauser war lange nicht erhältlich. 2004 wurde das autobiografisch gefärbte Buch über Harry Gelb, den Trinker, Schriftsteller und Rumtreiber, wieder aufgelegt. In konzentrierter Sprache in der Tradition der Beatniks beschreibt Fauser das Frankfurt der Siebzigerjahre und setzt der damaligen Sponti- und Hausbesetzerszene ein literarisches Denkmal.

Jakob Arjouni: »Happy Birthday, Türke« (Diogenes, 1987) Kemal Kayankaya ist ein vom Leben überforderter, aber hochsympathischer Privatdetektiv, der im Frankfurter Bahnhofsviertel nach Ahmed, dem verschollenen Ehemann einer Türkin, suchen soll. Mit viel Detailliebe und Witz skizziert Arjouni die Welt der Halbseidenen, der Kneipiers, Betrüger und Zuhälter in Frankfurts Rotlichtviertel.

Nikola Hahn: »Die Detektivin« (Ullstein, 2004) Ein historischer Krimi, hervorragend recherchiert von Nikola Hahn, die neben ihrer literarischen Karriere auch als Polizeikommissarin in Frankfurts Nachbarstadt Offenbach arbeitet. In »Die Detektivin« lässt Hahn die Bürgerstochter Victoria Könitz ermitteln – im Frankfurt des Jahres 1882 macht sie sich auf die Suche nach dem Mörder des Dienstmädchens Emilie.

DIPLOMATISCHE VERTRETUNGEN
Österreichisches Honorarkonsulat   ▶ S. 114, südl. B 12
Niederrad • Lyoner Str. 16 • Tel. 6 60 61 96 • Mo–Fr 9–13 Uhr

Schweizerisches Generalkonsulat   ▶ S. 119, F 18
Innenstadt • Zeil 5 • Tel. 1 70 02 80 • Mo–Fr 9–12 Uhr

FEIERTAGE
1. Jan. Neujahr
Karfreitag
Ostersonntag und -montag
1. Mai Tag der Arbeit
Christi Himmelfahrt
Pfingstsonntag und - montag
Fronleichnam
3. Okt. Tag der deutschen Einheit
25./26. Dez. Erster und zweiter Weihnachtsfeiertag

FRANKFURT CARD
Sparen Sie Geld mit dieser Karte: Für 8,90 € (1 Tag) oder 12,90 € (2 Tage) können alle RMV-Linien im Stadtgebiet (plus Flughafen) genutzt und 20 Museen zum halben Preis besucht werden. Bei Stadtrundfahrten wird ein Nachlass von 25 % gewährt.

Erwerben kann man die Frankfurt Card in den Touristinfos im Hauptbahnhof und am Römerberg, im Zeil-Pavillon an der Hauptwache, in der Hotelreservierung im Flughafen und in Reisebüros.

Detaillierte Infos auf der Website der Tourismuszentrale unter www.frankfurt-tourismus.de

GELD
Kreditkarten werden allgemein akzeptiert, vor allem Visa und Mastercard sind fast überall willkommen. Auch mit der EC-Karte kann in den meisten Geschäften bezahlt werden. In Apfelweinkneipen und kleineren Geschäften kann es passieren, dass auf Barzahlung bestanden wird. Die Banken haben bis 16 Uhr, manche auch bis 18 Uhr geöffnet.

NEBENKOSTEN

1 Tasse Kaffee	2,00 €
1 Bier (0,33 l)	2,20 €
1 Glas Apfelwein	2,50 €
Handkäs'	2,60 €
Grüne Soße mit Kartoffeln	6,00 €
1 Liter Benzin	1,35 €
Metro-Fahrschein (Einzelfahrt)	1,80–2,10 €
Mietwagen/Tag	ab 50,00 €

INTERNET

www.frankfurt.de
Offizielle Homepage der Stadt, sehr informativ und übersichtlich.

www.frankfurt-tourismus.de
Informationen zu Veranstaltungen, Stadtführungen, Hotelreservierung und zur »Frankfurt Card«.

www.kultur.frankfurt.de
Kulturportal mit vielen Informationen und Veranstaltungskalender.

www.frankfurt-ticket.de
Online Karten buchen für Konzerte, Theater oder Oper.

www.prinz.de
Informationen über Veranstaltungen, Gastronomie und Lifestyle.

www.frankfurt1933-1945.de
Sehr informative und gut gemachte Website zur Zeit des Nationalsozialismus in Frankfurt.

www.rmv.de
Website des Rhein-Main-Verkehrsverbunds mit Fahrplänen und Streckennetzen. Gute Hilfe für die Planung von Ausflügen in die Region.

MEDIZINISCHE VERSORGUNG
KRANKENVERSICHERUNG

Für Österreicher und Schweizer ist die Vorlage einer Europäischen Krankenversicherungskarte (EHIC) ausreichend. Als zusätzlicher Versicherungsschutz empfiehlt sich der Abschluss einer Auslandskrankenversicherung, da diese Krankenrücktransporte mitversichert.

KRANKENHAUS
Bürgerhospital ▶ S. 112, B 5
Nordend • Nibelungenallee 37–41 • Tel. 1 50 00 • www.buergerhospital-ffm.de

Universitätsklinik ▶ S. 115, E 11
Niederrad • Theodor-Stern-Kai 7 • Tel. 1 50 00 • www.klinik.uni-frankfurt.de

APOTHEKEN
Apotheken sind in der Regel Mo–Fr von 9–19, samstags von 9–16 Uhr geöffnet.

MUSEUMSUFER-TICKET

Wer vor allem die Museen der Stadt besuchen möchte, kann mit dem Museumsufer-Ticket gut sparen: Für 12 € können zwei Tage lang bis zu 26 Museen besichtigt werden. Unter den teilnehmenden Häusern sind das Architekturmuseum, das Filmmuseum, das Museum für Moderne Kunst oder das Goethe-Museum. Erhältlich ist das Museumsufer-Ticket in den Museen, den Touristinfos und in einigen Reisebüros. Informationen zum Angebot finden sich auch auf dem Frankfurter Kulturportal (www.kultur.frankfurt.de).

NOTRUF

Euronotruf Tel. 1 12
(Polizei, Feuerwehr, Rettungsdienst)

POST

Briefmarken erhält man in den jeweiligen Postfilialen. Eine Postkarte nach Österreich und in die Schweiz kostet 0,65 €.

REISEDOKUMENTE

Österreicher und Schweizer können mit einem gültigen Reisepass oder Personalausweis (Identitätskarte) einreisen. Kinder unter 16 Jahren müssen im Pass eines Elternteils eingetragen sein oder benötigen einen Kinderausweis.

REISEWETTER

Es gibt keine spezielle Reisezeit für Frankfurt. Ab Mai ist es angenehm warm, und man kann bei Spaziergängen am Mainufer oder in den Parks die frische Luft genießen. Die meisten Besucher sind zum Museumsuferfest Ende August, das bis zu 3 Mio. Gäste anzieht, in der Stadt.

STADTFÜHRUNGEN

Veranstalter wie die **Kulturothek** oder auch die Gruppe **Liebenswertes Frankfurt** haben lohnenswerte Stadtführungen und Spaziergänge auch zu außergewöhnlichen Themen in ihrem Programm. Diese Führungen begeben sich beispielsweise auf die Spuren des jüdischen Lebens in der Mainmetropole oder sie suchen die Wirkstätten der Frankfurter Spontiszene um Joschka Fischer auf. Schwule Stadtführungen hat **KulTours** im Angebot. Außerdem vermittelt auch die **Tourismus + Congress GmbH** Stadtführungen.

Kulturothek   ▶ S. 119, D 19

Innenstadt • An der Kleinmarkthalle 7–9 • Tel. 28 10 10 • Mo–Fr 10–18, Sa 10–15 Uhr • www.kulturothek.de

Liebenswertes Frankfurt

Tel. 78 45 79 • www.frankfurt-liebenswert.de

KulTours

Tel. 94 31 88 63 • www.kultours-frankfurt.de

Tourismus + Congress GmbH

Tel. 21 23 88 00 • www.frankfurt-tourismus.de

TRINKGELD

Trinkgelder bis 10 % der Rechnung sind allgemein üblich. In Hotels sollten Sie Trinkgelder nur für besondere Leistungen geben.

TELEFON
VORWAHLEN

A, CH ▶ Deutschland 00 49
Deutschland ▶ A 00 43
Deutschland ▶ CH 00 41
Frankfurt 0 69

TIERE

Hunde und Katzen aus Österreich und der Schweiz benötigen zur Einreise einen EU-Heimtierausweis bzw. einen Schweizer Heimtierausweis

Mittelwerte	JAN	FEB	MÄR	APR	MAI	JUN	JUL	AUG	SEP	OKT	NOV	DEZ
Tagestemperatur	3	5	10	14	19	22	24	24	20	14	8	4
Nachttemperatur	-2	-2	1	4	8	11	13	13	10	6	2	-1
Sonnenstunden	1	2	4	5	7	7	7	7	5	3	1	1
Regentage pro Monat	10	8	10	10	10	10	9	9	7	8	10	10

(stellt der Tierarzt aus) mit Nachweis einer Tollwutimpfung. Das Tier muss durch einen Mikrochip oder – nur noch bis Juli 2011 akzeptiert – durch eine Tätowierung identifizierbar sein. Für Schweizer Hunde und Katzen ist zusätzlich eine Gesundheitsbescheinigung erforderlich, die ebenfalls der Tierarzt ausstellt.

VERKEHR

ÖFFENTLICHE VERKEHRSMITTEL

Es gibt ein dichtes U- und S-Bahn-Netz, außerdem verkehren zahlreiche Straßenbahnen und Buslinien. Frankfurts öffentliche Verkehrsmittel sind nicht nur aus ökologischen Gründen die erste Wahl: In der Innenstadt und den angrenzenden Stadtteilen mangelt es an freien Parkplätzen, und die meisten Parkhäuser sind recht teuer. Eine Einzelfahrt in der City kostet mit öffentlichen Verkehrsmitteln 2,30 bzw. 2,40 €, für die Kurzstrecke zahlt man 1,50 €. Eine Tageskarte kostet 6 €, Familien fahren mit der Gruppenkarte (9,50 € für fünf Personen) meistens am günstigsten. Auch für den Weg zum Airport ist die S-Bahn die beste Lösung: Für die Einzelfahrt bezahlt man 3,80 € – die Taxifahrt kann bei Stoßzeiten das Zehnfache kosten und dauert meist länger. Eine Tageskarte, die den Flughafen einschließt, bekommt man für 9,35 €.

SCHIFFFAHRTEN

Ausflüge auf dem Main, in den Rheingau oder nach Aschaffenburg bietet die **Primus-Linie**. Abfahrt ist am Eisernen Steg auf der Innenstadtseite. Tel. 1 33 83 70 • www.primus-linie.de

TAXI

Es gibt ausreichend Taxis, auch während der Messen. Eine Alternative sind Fahrradtaxis. 20 Velotaxis fahren im Sommer auf festen Strecken durch die City. Der erste Kilometer kostet 2,50 €, jeder weitere 1,50 €. Eine 30-Min.-Tour gibt's für 7,50 €.

Taxi-Zentrale

Tel. 0 80 00 23 00 33

Weingärtner-Taxi

Tel. 23 99 98

ZEITUNGEN

Mit der »Frankfurter Rundschau« und der »Frankfurter Allgemeinen Zeitung« sind gleich zwei überregionale Qualitätstageszeitungen ansässig. Daneben erscheinen die »Frankfurter Neue Presse« (Boulevard, guter Lokalteil) und eine Frankfurt-Ausgabe der »Bild«. Die Stadtmagazine »Prinz« (monatlich) und »Journal Frankfurt« (zweiwöchig) informieren über Konzerte, Partys und Kulturereignisse. Einen kostenlosen Veranstaltungskalender bietet das Magazin »Frizz«, das in Bars und Cafés ausliegt.

ZOLL

Reisende aus Österreich dürfen Waren abgabenfrei mit nach Hause nehmen, wenn diese für den privaten Gebrauch bestimmt sind. Bestimmte Richtmengen sollten jedoch nicht überschritten werden (z. B. 800 Zigaretten, 90 l Wein, 10 kg Kaffee). Weitere Infos unter www.bmf.gv.at/zoll. Reisende aus der Schweiz dürfen Waren im Wert von 300 SFr abgabenfrei mit nach Hause nehmen, wenn diese für den privaten Gebrauch bestimmt sind. Tabakwaren und Alkohol fallen nicht unter diese Wertgrenze und bleiben in bestimmten Mengen abgabenfrei (z. B. 200 Zigaretten, 2 l Wein). Weitere Infos unter www.zoll.ch.

Kartenatlas

Maßstab 1:20 000

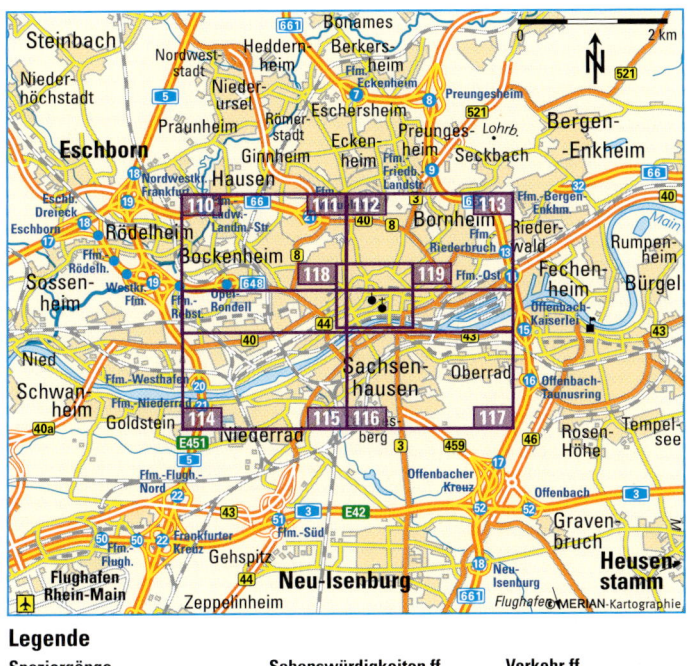

Legende

Spaziergänge

○—○ Mainufer (S. 82)
Start: S. 116, B3
●—● Mainhattan (S. 84)
Start: S. 111, D4
●—● Jüdisches Frankfurt (S. 86)
Start: S. 112, C7

Sehenswürdigkeiten

🔟 MERIAN-TopTen

🔟 MERIAN-Tipp

✳ Sehenswürdigkeit Kultur

▢ Sehenswürdigkeit, öffentl. Gebäude

† Kirche

† Kloster

Schloss, Burg; Ruine

Sehenswürdigkeiten ff.

🏛 Museum

Denkmal

✡ Synagoge

Verkehr

Autobahn

Autobahnähnliche Straße

Fernverkehrsstraße

Hauptstraße

Nebenstraße

Unbefestigte Straße, Weg

Fußgängerzone

P Parkmöglichkeit

✈ Flughafen

Verkehr ff.

U U-Bahn

S S-Bahn

DB Bahnhof

Sonstiges

ℹ Information

Theater

Zoo

† † Friedhof

L L Jüdischer Friedhof

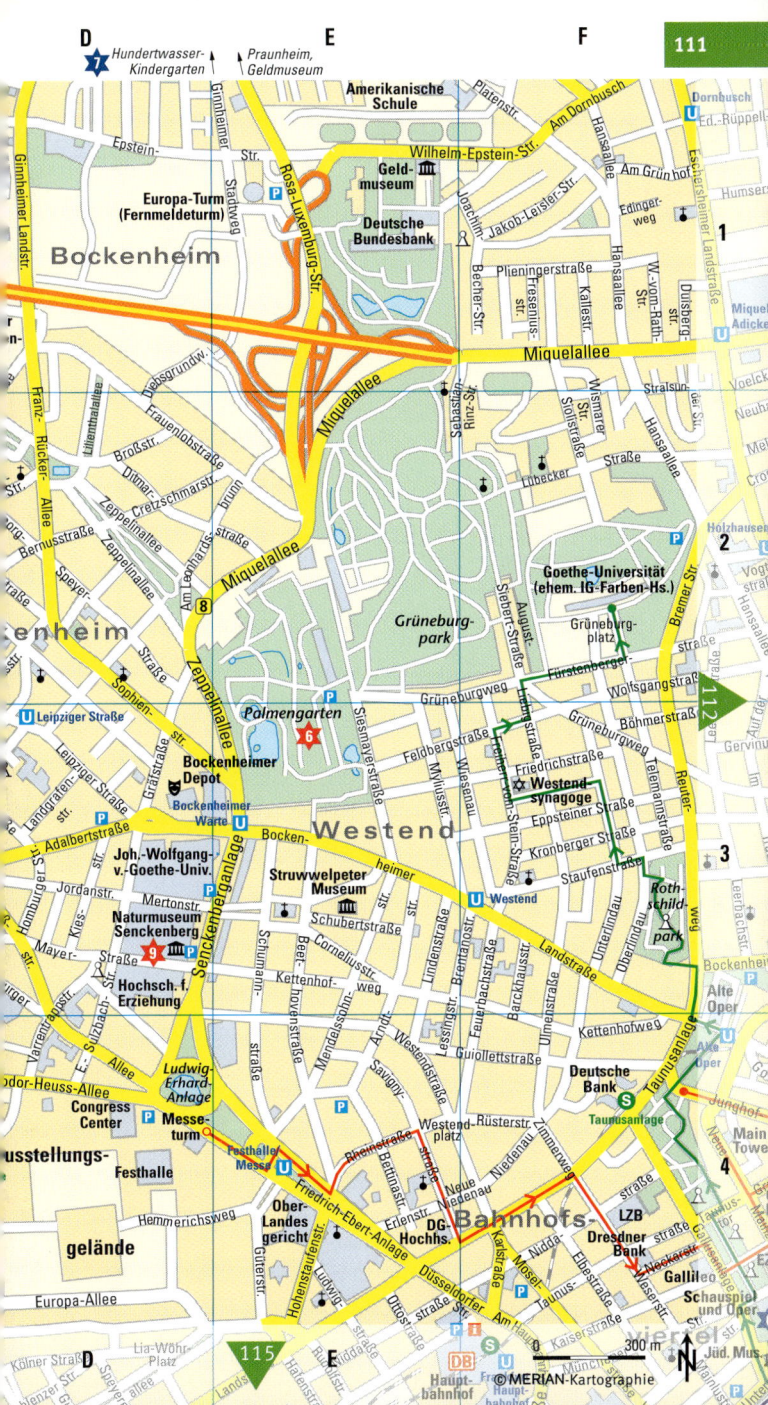

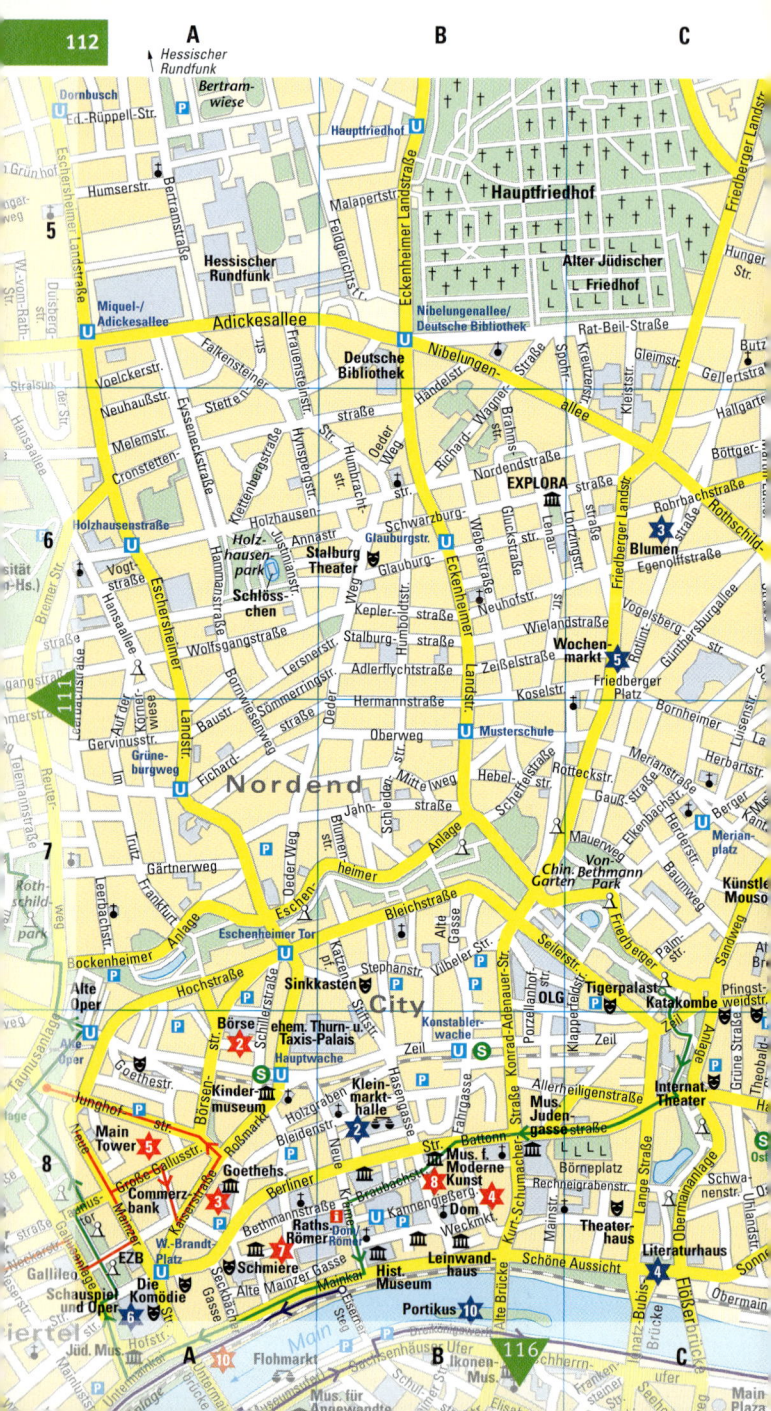

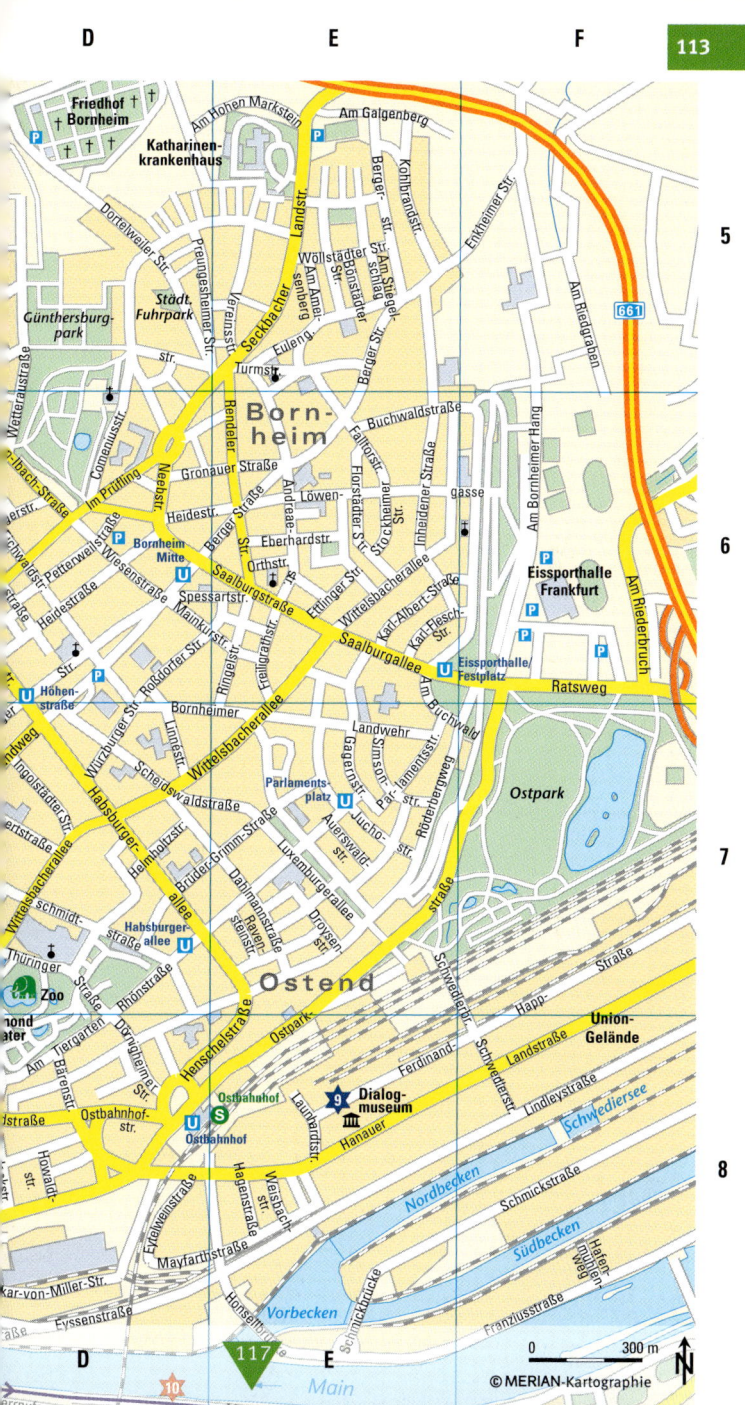

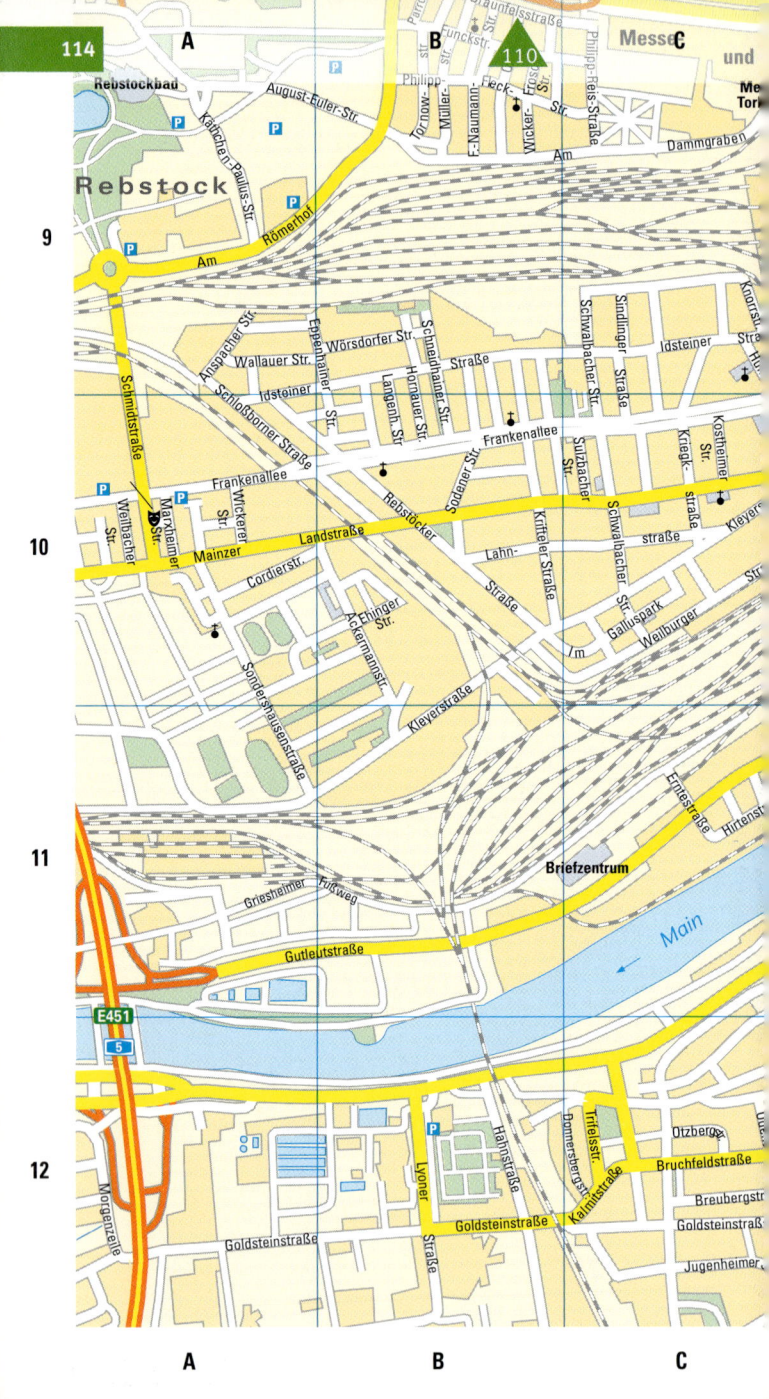

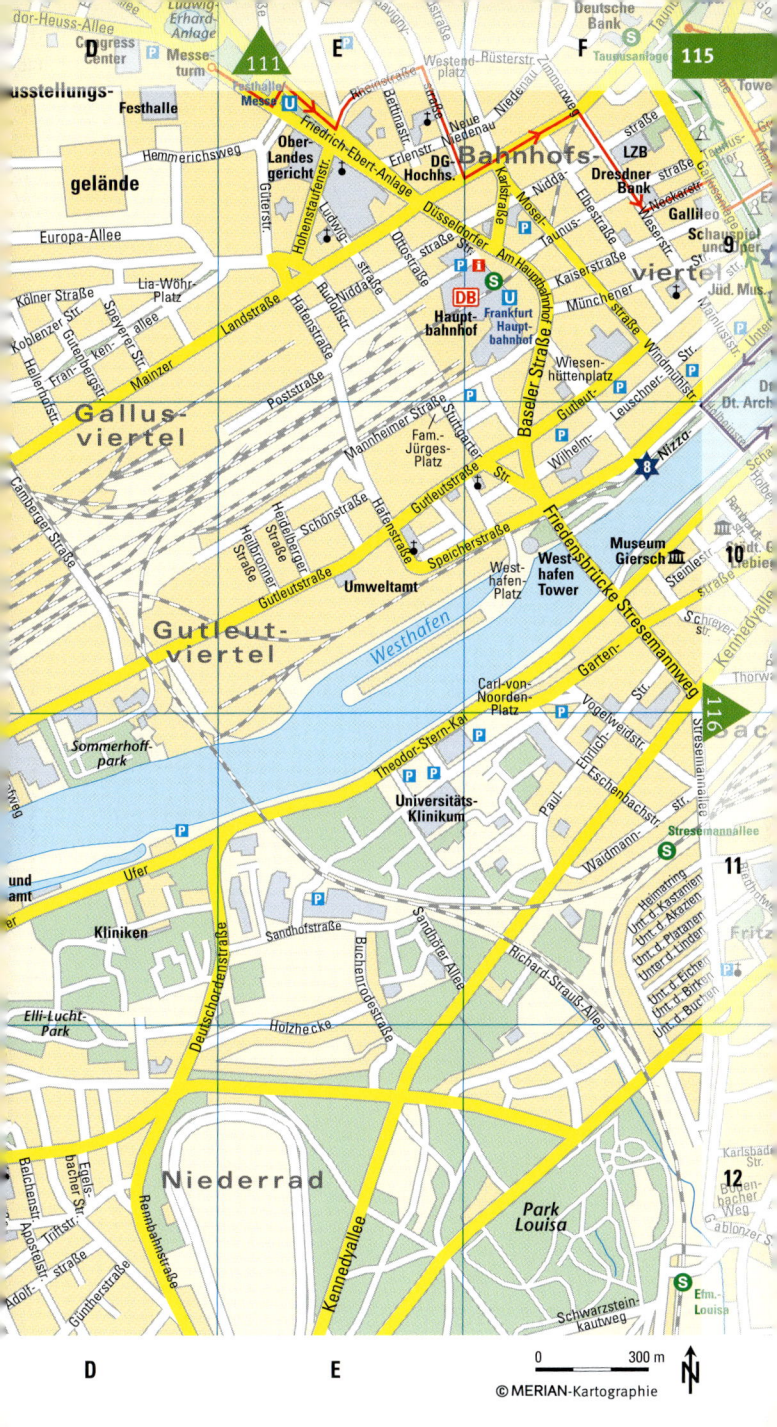

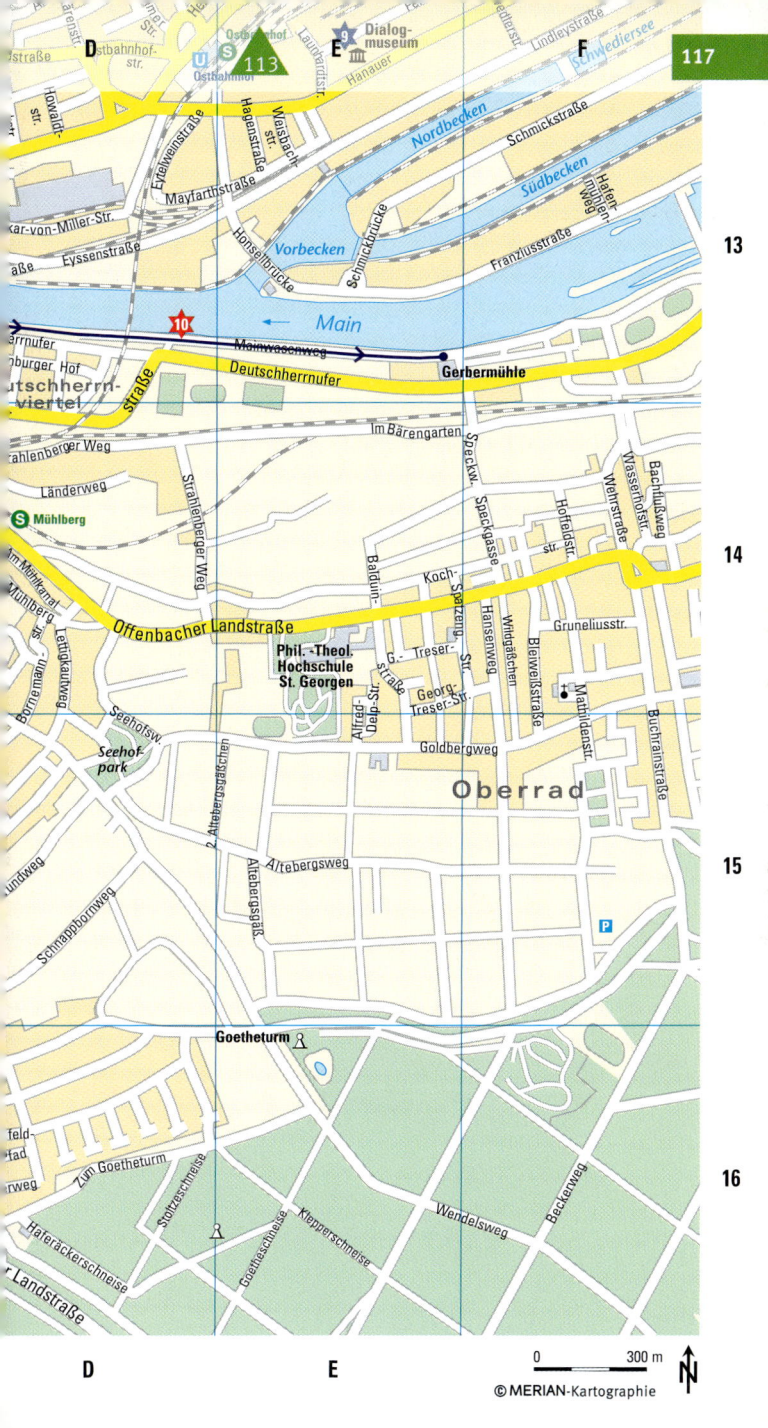

D · E · Dialog-museum · F

13

14

15

16

D E

Ostbahnhof
Ostbahnhof-str.
113

Howaldt-str.
Eckenheimer Str.
straße
Waisbach
Hagenstraße
Mayfarthstraße
Eyssenstraße
kar-von-Miller-Str.
aße
Hanauer
Lauratorstr.
Lindleystraße
Schwiedlersee
Schmickstraße
Nordbecken
Südbecken
Honselbrücke
Vorbecken
Schmickbrücke
Hafen
mühlen
weg
Franziusstraße

10 ← Main
Mainwasenweg
errnufer
oburger Hof
straße
Deutschherrnufer
Gerbermühle

tscherrn-
viertel

Im Bärengarten
Speckw.
Speckgasse
Hofeldstr.
Wehrstraße
Bach-flußweg
Wasserhofstr.

ahlenberger Weg
Länderweg
Strahlenberger Weg
Baldin-
Koch-
Sperzeng-Str.
Hofeldstr.
str.

S Mühlberg

Im Mühlenat
Mühlberg
Str.
Letulckauweg
Offenbacher Landstraße
Phil.-Theol.
Hochschule
St. Georgen
Alfred-Delp-Str.
G. Treser-Str.
Georg-Treser-Str.
Hansenweg
Wildgathstraße
Bleiweißstraße
Grueliusstr.
Buchrainstraße
Mathildenst.

Barriemann-
Seehofsw.
Seehof-park
2. Altebergstädchen
Altebergsgäßchen
Goldbergweg

O b e r r a d

Schnappbornweg
undweg
Altebergsweg
Altebergsgäßchen
P

Goetheturm

feld-
fad
rweg
Zum Goetheturm
Stoltzeschneise
Goetheschneise
Kleppeschneise
Wendelsweg
Beckerweg

Haferäckerschneise
Landstraße

0   300 m
© MERIAN-Kartographie
N

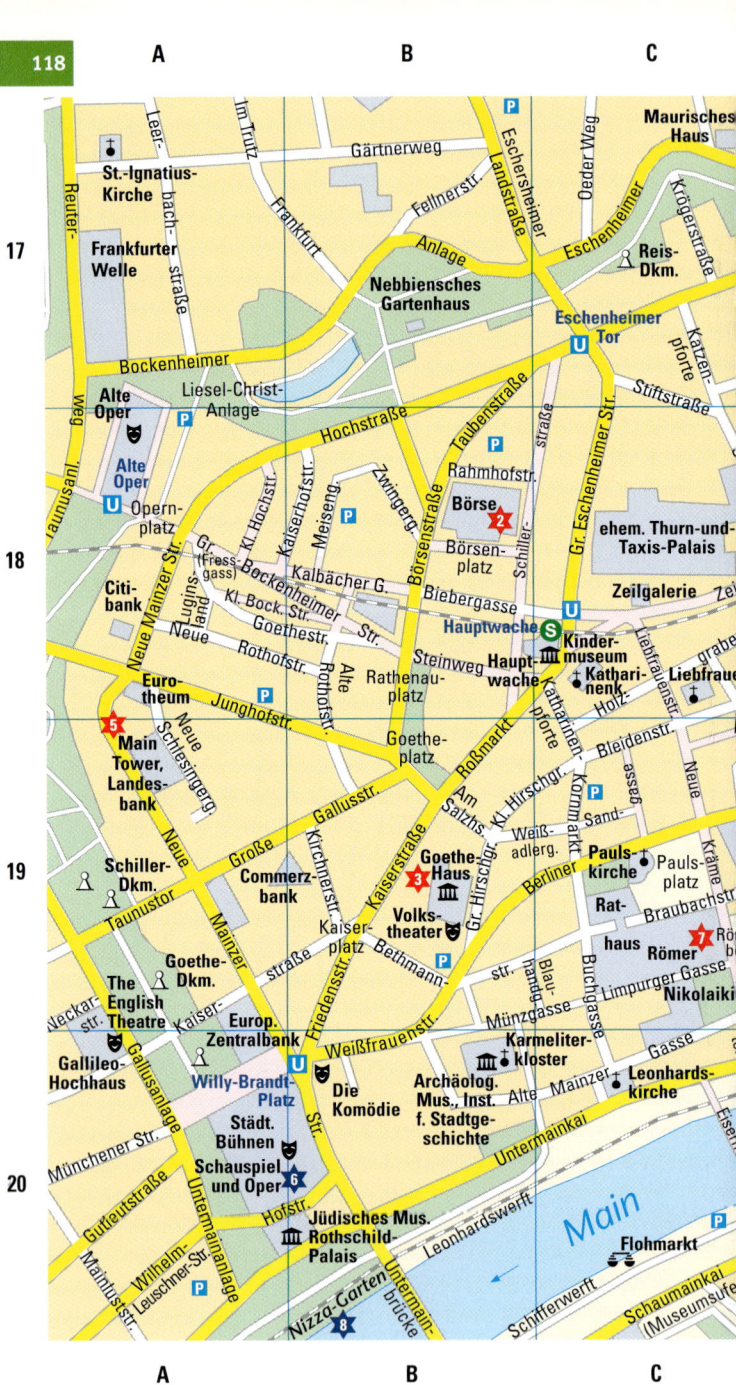

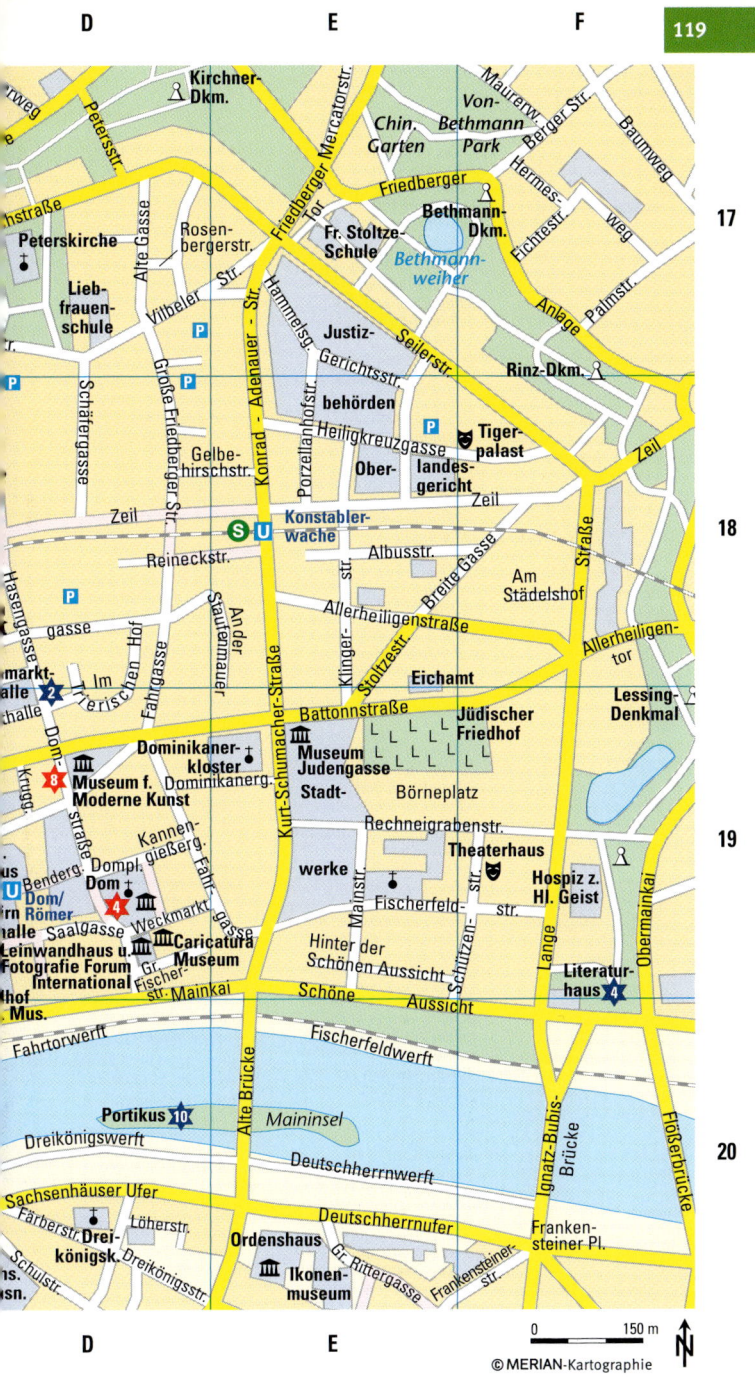

Kartenregister

Orts- und Sachregister

Wird ein Begriff mehrfach aufgeführt, verweist die **fett** gedruckte Zahl auf die Hauptnennung, eine *kursive* Zahl auf ein Foto.
Abkürzungen:
Hotel [H]
Restaurant [R]

Liebe Leserinnen und Leser,
vielen Dank, dass Sie sich für einen Titel aus unserer Reihe MERIAN *live!* entschieden haben. Wir freuen uns, Ihre Meinung zu diesem Reiseführer zu erfahren. Bitte schreiben Sie uns an merian-live@travel-house-media.de, wenn Sie Berichtigungen und Ergänzungen haben – und natürlich auch, wenn Ihnen etwas ganz besonders gefällt.

Alle Angaben in diesem Reiseführer sind gewissenhaft geprüft. Preise, Öffnungszeiten usw. können sich aber schnell ändern. Für eventuelle Fehler übernimmt der Verlag keine Haftung.

© 2011 TRAVEL HOUSE MEDIA
  GmbH, München
MERIAN ist eine eingetragene Marke der GANSKE VERLAGSGRUPPE.

1. Auflage

**BEI INTERESSE AN DIGITALEN DATEN
AUS DER MERIAN-KARTOGRAPHIE:**
kartographie@travel-house-media.de

**BEI INTERESSE AN
ANZEIGENSCHALTUNG:**
KV Kommunalverlag GmbH & Co KG
MediaCenterMünchen
Tel. 0 89/92 80 96 44
winzer@kommunal-verlag.de

TRAVEL HOUSE MEDIA
Postfach 86 03 66
81630 München
merian-live@travel-house-media.de
www.merian.de

PROGRAMMLEITUNG
Dr. Stefan Rieß
REDAKTION
Simone Lucke
LEKTORAT
Ewald Tange, tangemedia, München
BILDREDAKTION
Lisa Grau
SCHLUSSREDAKTION
Ulla Thomsen
SATZ
Ewald Tange, tangemedia, München
REIHENGESTALTUNG
Independent Medien Design,
Elke Irnstetter, Mathias Frisch
KARTEN
Gecko-Publishing GmbH
für MERIAN-Kartographie
**DRUCK UND BUCHBINDERISCHE
VERARBEITUNG**
Stürtz Mediendienstleistungen, Würzburg
GEDRUCKT AUF
Eurobulk von der Papier Union

Ein Unternehmen der
GANSKE VERLAGSGRUPPE

MIX
Papier aus verantwortungsvollen Quellen
FSC
www.fsc.org
FSC® C043954